稲盛和夫と福島の子どもたち

「人は何のために生きるのか」

大震災・原発被災の苦しみを乗り越えて

ジャーナリスト
下村満子 編

「稲盛和夫と福島の子どもたち」まえがき

稲盛フィロソフィの核心を子どもたちは、まっすぐに心で受け止めた

震災直後、絶望感の漂う中で開塾した「盛和《せいわ》塾福島」

本書は、昨年（二〇一三年）七月、京セラの創業者で現名誉会長でもある稲盛和夫氏を福島に招き、「盛和塾福島」主催で開催された市民フォーラム「人は何のために生きるのか―大震災と原発被災の苦しみを乗り越えて」と題する稲盛氏の話と、それを聴講した、ザベリオ学園（福島県郡山市）の小学五年から中学三年までの生徒たちの感想文をまとめたものです。

倒産したJALをわずか二年で再生した稲盛氏の名前は、今や世界に轟いています。が、「盛和塾」についてはご存知ない方もいらっしゃるかもしれませんので、少し説明させて下さい。

「盛和塾」というのは、およそ三〇年前に、当時発展の只中にあって注目を集めていた

京セラ社長稲盛和夫氏の経営哲学を学びたいと、二〇人ほどの新進気鋭の若手経営者たちが全国各地から京都に集まり、稲盛氏を囲み勉強会を始めたことにさかのぼります。その後、京都のみならず、大阪、東京ほか、日本各地に広まり、今では日本だけでなく、海外にも広がり、何と、国内五四塾、海外二五塾、計七九塾、ほぼ一万人近い経営者が集う巨大塾となっています。

国内では、ほとんど全県にあり、京都には二塾、大阪には三塾もあります。海外では、ブラジル（サンパウロ、クリチーバ、パラナ）、アメリカ（ロサンゼルス、ニューヨーク、シリコンバレー、シカゴ、ハワイ）、台湾など。中国には、無錫、北京、上海、大連、重慶、広州、成都、杭州、西安ほか計一六塾あります。

「盛和塾福島」は、三年半前に、日本の塾としては最後に開塾した塾です。実は、福島に「盛和塾」を創ろうと思いたったのは、この私です。私は、父が亡くなったため心ならずも朝日新聞社を途中退社し、両親が経営していた医療事業を引き継ぎ、経営者とならなければならなくなった時、経営を一から勉強するために、記者時代から親交があり、その理念哲学に共鳴し尊敬していた稲盛氏にお願いし、「盛和塾東京」に入れていただきました。以来二〇年近くなりますが、お陰様で、何とか五〇〇人近い職員を路頭に迷わせることなく、細々ながら事業を拡大発展させつつ経営者を務めてこられたのも、稲盛氏が京セラを創業して今日まで貫き通してきた「京セラフィロソフィ」「経営一二カ条」、そのベースになっている「生き方」を学ばせていただいたお陰だと思っています。

でも、「なぜ福島に盛和塾を？」ということですが、私の両親は福島県の出身です。両親だけでなく先祖代々福島で、お墓も先祖からの家も福島にあります。私は小学校二年、三年は、祖母に預けられ、父方の実家のある福島県二本松市の小学校に通いました。福島市にあった母方の実家にも祖父や祖母を訪ねてよく遊びに行きました。その後両親の住む鎌倉に移ってからも、毎年夏休みは、二人の弟を連れて、二本松や福島の祖父母のところで過ごしました。そんなわけで、私にとって福島は、少女期を過ごした故郷なのです。

五年ほど前から、福島県に盛和塾がないことを知って、私はとても残念に思い、福島に盛和塾を立ち上げようと決意しました。稲盛塾長が盛和塾に心血を注いでいるのは、日本の企業の九九％を占める中小零細企業を元気にすることが、日本経済を元気にすることだと確信してのことなのです。そしてその中小零細企業の多くは、地方の企業です。地方経済が疲弊しているのは、こうした地方の中小企業が疲弊しているからで、福島も同じだと思ったのです。

一年近くかけて、福島県各地で辻説法のような説明会を開催し、「稲盛塾長のフィロソフィを学べば、会社は必ず良くなる」と訴え、入塾希望者が一三五人ほどになり、二〇一一年六月二日を開塾日と決め、稲盛塾長にも来ていただくことで準備を進めていたところ、あの「3・11」でした!!

入塾予定者の中には、原発事故をもろに受け、会社自体が閉鎖になっただけでなく、自宅も失い、着の身着のままで避難所や県外に逃げなければならなくなった人たち、倒産した会社、会社を一時休眠にするところなど、大混乱で、「盛和塾」開塾どころではなくなりました。

が、県内に残った入塾希望者たちは、「こんな時こそ、いまこそ、確たる理念、哲学、基軸がなければ、到底生きていけない。『盛和塾福島』を開塾しましょう!」と、先が全く見えず、絶望感の漂う中で、予定通りの開塾に漕ぎ着けたのです。当時は、放射能汚染が怖くて、誰も寄り付かなかった福島に、何と全国、全世界から八〇〇人近い盛和塾生たちが激励のために駆けつけ、開塾を祝ってくれたのです。

その福島開塾の時の稲盛塾長の力強い講話「フィロソフィこそ経営の源泉」が、入塾した経営者の心の支えとなり、その後継続して学び続けている「稲盛フィロソフィ」を羅針盤とし、入塾した福島の塾生経営者たち（現在およそ一五〇人）は、困難と闘いながらも、明るく前向きに着々と会社を復興・発展させています。

稲盛塾長の約束「JALの再建が一段落したら、真っ先に福島に行く」

稲盛氏は、こうした経営塾の活動の他に、一般市民のための「人は何のために生きるのか？」というテーマでの講演会「市民フォーラム」を、年に何回か、各地で開催していました。私は、稲盛塾長に、「福島の経営者だけでなく、大震災と原発被災に苦しむ福島の一般の人たちにも、是非、苦難の中で未来に向かって生きていく『生き方』について話していただきたい」とお願いしていました。

ちょうどその頃、稲盛塾長は、倒産したＪＡＬの再建の真っ只中でした。一銭の報酬も貰わず、八〇歳近い老骨にむち打ち、トップからボトムに至るまでの全社員に京セラフィロソフィを叩き込み、昼夜をおかず現場にも降りて行き、社員と一体になって労苦を共にしながら夜遅くまで働き、夜一〇時頃仮住まいの東京のホテルに戻り、コンビニで買った冷たいおにぎりの夕食をとる、という生活を続けていました。

そんな中で、稲盛塾長は、「JALの再建が一段落したら、真っ先に福島に行く」、と約束してくれました。その後、JALの再上場が見事に実現し、稲盛氏はJALの経営の第一線からすぐに退き、約束通り、福島での市民フォーラムが実現したのです。

稲盛塾長の講演のタイトルは、「人は何のために生きるのか―大震災と原発被災の苦しみを乗り越えて」でした。主催は「盛和塾福島」です。私は「盛和塾福島」の筆頭代表世話人を務めているので、「盛和塾福島」の塾生経営者の皆さんと相談し、何としても一人でも多くの福島の方たちに稲盛塾長の話を聞いてもらうために、ベストを尽くそうと誓い合いました。

今年八三歳という年齢にもかかわらず、いまやテレビをはじめメディアの寵児であり、全国各地、海外からも講演依頼が殺到し、引っ張りだこの稲盛塾長に、福島市民のために福島まで足を運んでいただけるのは、あるいはこれが最初で最後かもしれない、と思ったからです。

そして、盛和塾福島の塾生経営者の多大な努力の結果、地方都市としては異例の三〇〇〇人の市民が郡山市のビッグパレット（震災直後から一年半、避難所として使われた県の施設）に集まり、稲盛塾長の話に真剣に耳を傾け、「市民フォーラム」は、大変な熱気の中で、大盛況のうちに終わりました。涙を流しながら聞いている人たちもたくさんいました。

その三〇〇〇人の中に、三〇〇人の小、中学生がいました。

福島で市民フォーラムを開催するに当たり、私はいくつかの方針を立てました。

第一は、「市民フォーラム」と銘打つ以上、文字通り「子ども、若者、ＯＬ、主婦、経営者、サラリーマン、商店主、農家の方たち、公務員、教師、医師、年金生活者、お年寄り」等々、あらゆる層の方々に集まっていただきたいということ。第二は、県内各地に散らばる仮設住宅や県外で仮住まいをしている、一番苦しい思いをしている方々に一番来ていただきたい。第三に、若い世代の人たち、殊に中学生・高校生・大学生など、これからの福島を背負う人たちに話を聞いてもらいたい、ということでした。

「市民フォーラム」当日、バス六台を連ね、先生方に引率された三〇〇人の子どもたち

メディアにも協力を依頼し、「市民フォーラム」の趣旨を広く発信し、県内各地に散らばる仮設住宅を塾生が手分けして回り、チラシやポスターを配って歩き、県外に暮らす人たちにも声をかける努力をしました。

子どもや学生たちへのアプローチが、一番の難題でした。県の教育委員会などに頼んでもおそらくダメだろうと思い、塾生経営者に、「母校に行って話してみて」と頼みました。

その結果、本書に登場する、福島県郡山市と会津若松市にキャンパスを持つ私立校、ザベリオ学園の卒業生である盛和塾福島の塾生経営者が母校に話をしたところ、学園長が、小学校五年から中学三年までの全生徒を、授業の一環として参加させる、という決断をしたのです。

当日、バス六台を連ね、先生方に引率された子どもたちが会場に入ってきた時は、感動でした。稲盛塾長にこの話をすると、塾長もビックリしていました。子どもたちには、前の方の真ん中の、一番いい席を用意しました。

一時間半という長い講演でしたが、子どもたちは私語もなく、熱心に聞いていていまし

た。終わって、子どもたちの各学年代表に舞台に上がってもらい、稲盛塾長に花束贈呈をしてもらい、握手もしてもらいました。

授業の一環として参加したのですから、先生はその後、子どもたちに、感想文を書かせました。そのコピーを学校は主催者である「盛和塾福島」の事務局に送ってきました。それを回し読みして、私はもちろんですが、「盛和塾福島」の経営者たちは、皆、仰天したのです。涙ぐんだ人たちもいます。私も、読みながら、目頭が熱くなり、涙がこぼれました。なぜ涙がこぼれるほど感動したのか。

「子どもって、なんてすごいんだろう！」その一言に尽きます。

本書の「人は何のために生きるのか」の講演録を読んでいただければ分かる通り、稲盛氏の話は、特に子どもたちのために、やさしく分かりやすく話したものではありません。これは、大人向けの講演なのです。正直、はじめ小学校五年生から参加すると聞いた時は、「大丈夫かな？」と、ちょっと心配しました。稲盛塾長の話は、小学生には難しすぎるのではないかと思ったのです。

心を打つ、正直で純真で、まっすぐな子どもたちの感想文

ところが、子どもたちの感想文を読んでみると、子どもたちは難しい部分は分からなくとも、稲盛塾長の話の核心の部分、稲盛氏が一番言いたかったことを、ズバッと捉え、「一番心に残ったこと」「一番感動したこと」として書いているのです。文章はつたなく、とつとつとしたものもありますが、それだけに正直で、純真で、飾らないまっすぐなところが、心を打ちます。

この日、主催者である「盛和塾福島」は、聴講した三〇〇〇人の一般市民の方たちにも、アンケートで感想を求めました。皆さん同じように「感動した」理由を色々書いてくれましたが、なぜか子どもたちの感想文の方が、はるかに胸を打つのです。

なぜなのだろうと考えたのですが、大人の感想は、一般に、人に読まれることを意識し、「格好良く書こう」と思ったり、評論家風だったり、解説風だったり、「稲盛氏の話は確かに正しいが、世の中、そうは甘くない」とか「凡人には、出来ない」といった言い訳がましいものなどもあり、子どもたちのように、素直に、真っさらで受け止めている人ばかりではありません。

それだけ苦労して生きてきたからで、「善いことをしたら、必ず良い結果が」「悪い

ことをしたら、必ず悪い結果が」などと言われても、「じゃ、なぜ何も悪いことをしていない俺たちが、私たちが、こんな大震災や原発事故に遭わなければならないのだ？」と、なかなか素直に受け止められず、愚痴や恨みや不満が先立ってしまうのです。

「人は何のために生きるのか？」といった根源の問題、本質論、倫理、道徳、生き方の基本の話は、分かっても分からなくても、出来るだけ子どものうちから、若い時から、聞いておいた方がいい、というのが私の考えですが、今回このザベリオ学園の子どもたちは、それを証明してくれました。

たとえ、話のすべてが理解できなくとも、この子どもたちが聞いたこの日の話は、おそらく、意識する、しないにかかわらず、彼らの心の奥底にＤＮＡとして残り、これから生きて行く上での大切な栄養分として、彼らの人生を豊かなものにしていくと、私は信じています。

私自身、わずか五歳くらいの時、父に抱かれて温泉に入っている時、「ミッコ、いいお湯を自分の方に掻き寄せようとすると、向こうに行ってしまうだろう？　でも、あちらにいる人に少しでもいいお湯が行くようにとお湯を向こうに送ると、あっちにぶつかってこちらに帰って来るだろう？　お金も物も同じ。追いかけると逃げていくけど、人に与えると自然にぐるっと回って帰ってくるんだよ」という父の話が、その時の情景と共に不思議なほど鮮やかに私の中に残っていて、今日に至るまで、忘れられない言葉として私の人生観の根底になっています。おそらく父は、「利他」ということを私にやさしく教えたかったのだと思います。

稲盛和夫氏の主宰する経営塾「盛和塾」で稲盛塾長が私たち経営者に教えていることも、実は、基本的には、市民フォーラムでの話と同じことなのです。経営塾なので、さぞや難しい経営のノウハウやテクニックを学んでいるかと思うかもしれませんが、塾長が繰り返し繰り返し強調するのは、社長としての決断、判断に迷った時は、「儲かるか、儲からないか、損か得かではなく、『人間として正しいことかどうか』を基準に考えなさいということと、『会社を大きくし、成功したいと思ったら、トップである社長の心のレベルを高めるしかない。会社は社長の心のレベル以上には大きくならない』ということなのです。

人間として一番大切なことこそ、子どもたちにまず教えなければならない

この福島の市民フォーラムでの稲盛和夫氏の話とそれを聞いた子どもたちの感想を、

ぜひ出版して一人でも多くの人に読んでもらいたいと強く思ったのは、「子どもというものが、いかにすごいか」「子どもには分からない、などと思ってはいけない」「本質的なことは、子どもの方が、大人よりはるかによく、直感的に分かっている」「なぜならば、子どもの心は、それだけ研ぎ澄まされ、汚れていないから」「だから、知識だけでなく、いや知識以上に、人間として一番大切なこと、一番本質的なことこそ、子どもたちにまず最初に教えなければならない、そうした話を聞く機会を作らなければならない」ということを知っていただきたいと思ったからです。

が、出版に至るまでには一年の歳月がかかってしまいました。今ようやく陽の目をみようとしている本書を前に、感無量の気持ちです。

まず、何よりも、遠路来福して、素晴らしい、心に響く話をして下さり、その講演録の本書への掲載を許可して下さった稲盛和夫「盛和塾」塾長に心からの感謝を申し上げたく思います。

また、稲盛塾長の講演と子どもたちの感想文に感動し、ぜひ出版をと申し出て下さったKKロングセラーズの真船美保子社長、本書の出版に当たり、子どもたちの保護者にその趣旨を丁寧に説明し、ご理解いただく努力を惜しまなかったザベリオ学園の守屋博子学園長をはじめ、先生方や山口松之進同校後援会会長など、関係者の皆様にお礼を申し上げます。

そして、この市民フォーラムの開催に当たり、影になり日なたになって私たちを励まし、助け、協力と助言を惜しまなかった「盛和塾」本部事務局の皆様、京セラフィロソフィ教育推進部長の粕谷昌志様、何よりも、経営者として切った張ったの厳しい毎日の中で、一年がかりでその準備に取り組み、市民フォーラムを成功に導いた「盛和塾福島」の塾生経営者の皆様、それを陰で支え支援した「下村満子の生き方塾」の塾生の皆様、本当にありがとうございました。

「人は何のために生きるのか?」の市民フォーラムが実現しなければ、本書の出版もなかったわけで、考えてみると、本書の出版には何と多くの方たちが関わり、多くの方たちの思いがこもっていることだろう、と考えると、襟を正したい気持ちになりますし、ここに至るまでの苦労も吹き飛んでしまいます。

この本が、一人でも多くの親ごさんや先生方や子どもたちに読まれ、生きて行く上で何らかのお役に立てていただくことが、稲盛塾長はじめ、関わっていただき、ご苦労いただいた方々への、唯一のご恩返しだと思っております。
なお、ページの関係で、三〇〇人すべての子どもたちの感想文は掲載できませんでした。重複や内容の似たもの等々もあり、なるべく多様な感想をという観点から、一〇〇人の生徒さんたちの感想を出版社の編集者が選び、あえて原文のまま収録しました。巻末に、この市民フォーラムを聴講し、感想文を提出したその他の子どもたちの名前も掲載しております。

「盛和塾福島」筆頭代表世話人
ジャーナリスト、本書編者
下村満子

目次

・これから大震災のようなことがあったら、この話を思い出して、希望を見い出していきたいと思いました。

5年　佐藤　李久……92

・私もよいことをおもい、よいことを行って心をみがいていきたいです。

5年　佐藤　莉珠夢……93

・私は自分が育ったひ災地である福島県で、人の役に立てる仕事ができるように、前向きに明るく努力していきたいと思いました。

5年　鈴木　文芽……94

・最も心に残っていることはくりかえし言っていた言葉「よいことを思い、よいことを行えば、運命はよい方向へと変わる」です。

5年　滝口　明日歌……95

・苦しみのさきになにがあるのかは、何度も考えたことがあります。ぼくがだしたこたえは、幸せがあると思います。

5年　塚越　翔梧……96

・ぼくは、たくさんお手伝いをして、運命を変えたいです。ぼくにも「意志」があるので頑張ります。

5年　横山　健……97

・命は本当に大切な物だということが心の底から、感じることができました。

5年　薄井　琹……98

・和夫先生の話を聞き、ぼくは、「あきらめずに、前向きに努力し、これからの人生を生きて行こう」と思いました。

5年　大橋　魁……99

・「東日本大震災」があり、つらいことがあったけど、いろんな人がつらいのをうけとめているので心から「そうだなぁ」と思いました。

5年　佐藤　ひなた……100

・しんさいにあって、つらいことがいろいろあったけど、どんなときも前向きに生きていけば、もとの美しい福島にもどることができると、勇気をもらいました。

5年　髙橋　ひより……101

・幸運が試練だなんて、ふつう思いません。初めて私たちの頭と心に、そういう認識をあたえてくれたことに感謝しています。

5年　竹越　愛純……102

・「私はなんのために生きて、人生を送っているのだろう」と疑問に感じていました。そして、今回の講演会で答えが分かりました。　5年　千葉　春菜……103

・東日本大しんさいでなくなった子どもや大人の分まで生きて、なくなった子どもの分まで勉強したいと思いました。　5年　七海　幸太郎……104

・まるで、和夫さんの伝記を読んでいるようでした。いろんなことをのりこえて今があると思います。　5年　長谷川　深織……105

・これからどんな災難があっても強い「意志」をもち、試練へ感謝し、のりこえていきたいです。　5年　山﨑　竣介……106

・この講演で生きるということは大切だと思いました。これからもちゃんと生きていこうと思いました。　6年　関口　碧……107

・苦しみの後には、喜びが、たくさん待っているんだ！ということを強く感じました。　6年　名原　蒼生……108

・この深い話をきき、私は、これからの人生は、もし、つらくて悲しくても神様があたえてくれた試練だと受けとめて努力していこうと思いました。　6年　二瓶　優加……109

・ぼくがすごいとおもったところは、宇宙は、もともとは小さかったがビックバンでとても大きくなり地球ができたということです。　6年　古山　彩人……110

・この大震災、原発被害の苦しみを乗り越えてふっこうへのバネにしたいです。　6年　増子　三寿々……111

・なるべく悪く考えずに善い考えをもちつづければ、ぼくも人生の好転ができると思った。　6年　三浦　英太郎……112

・先生は２０１０年にピンチだったＪＡＬを今のように回復させたことが何よりもすごいことだと思いました。　6年　村上　悠太郎……113

・私は、一生、といっていいぐらい心に残った言葉が二つあります。
6年　柳橋　明佳……114

・一番心に響いた言葉は、「宇宙にはすべてのものを慈しみ、やさしく育てていく愛が充満している」と「人生の目的は、心を磨くこと」。
6年　吉仲　咲希……115

・稲盛さんは学生の時も苦労してまた、大人になってもたくさんのことにはげんでいるんだと思いました。
6年　薄井　瑞葵……116

・今回の、講演会で、この答えがわかったので心のモヤモヤが消えました！とてもいい話だったと思います。
6年　日下部　早里……118

・これから良い人生、運命にするために、家族、友達、先生などの方々に、たくさんのよいことをするようにしたいと思いました。
6年　熊田　菜奈子……119

・「企業とはかぶ主のためにあるのではなく、自分自身の私利私欲のためではなく、社員のため」という言葉は、すごく感心しました。
6年　佐藤　歩……120

・みんなのために努力をして、がんばりたいです!!神様や自然からの試練を感謝の気持ちで受けとめたいです。
6年　鈴木　夕里菜……121

・先生のおかげで希望の光がさしてきました。先生の話にとても感動してしまいました。
6年　滝田　圭佑……122

・私は、今日話を聞いていろいろなこわいことを思い出してしまいましたが、私たちがこれからどのように生活していけばいいのかがよく分かりました。
6年　古川　夏帆……123

・先生は、なんか福島県をかばってくれているような気がしました。だから、僕は和夫先生は、優しい人だと思いました。
6年　宮川　龍ノ助……124

・いろいろな会社を作るのはすごいことだと思いました。人のために役立てられている所もすごいです。私もそのようになりたいです!!
6年　栁田　紗希……125

第3部　稲盛和夫講演会に参加して――郡山ザベリオ学園中学校（福島県郡山市）

・自分が分かったことを実行して、心を磨き、「真善美」の心になれるように努力していきたい。

1年　村田　奈々……147

・現世は心を磨いて、あの世に行ったら現世で行った行動を神に報告し、また現世に行く、の繰り返しだと思います。

1年　矢部　竜麻……148

・自分の未来をもっと良くするために、明るく前向きに良い行いをしながら生きていこうと思います。

1年　山口　美伊子……149

・私達は善い人生を生きる為にも、常に「純粋な心」を宇宙のような偉大さにならい、磨いていきたいと思います。

2年　阿部　理李香……150

・一つ心に決めたことが出来ました。〝災難にも幸運にも感謝〟することです。

2年　衞藤　百花……151

・これから自分のことばかりを考えていくのではなく人のことを考え、人に信用してもらえるような人になっていきたいと思いました。

2年　桑野　拳輔……152

・稲盛さんは、試練を感謝の気持ちで受け取り、ひたすら努力をしてゆく純粋な心を持っているからこそ、人を動かし、可能にできる力を持っていると思いました。

2年　佐久間　愛……153

・人が成長し、強い心を育てるためには、色々な経験をし、どうやって解決していくかを考え、実行することだと思います。

2年　笹島　梨里佳……154

・生きているだけで、感謝する、何にたいしても感謝するなど、感謝の気持ちを大切にすることなどをおしえられました。

2年　澤村　淳……155

・一番心に残ったのは「神様は私達に気づかせようとして試練を与えている」という言葉でした。

2年　塩田　彩乃……156

・私が一番印象が強いのは、〝運命〟という言葉です。前半の方に稲盛さんが何回も何回も繰り返していた言葉です。

2年　鈴木　日菜子……157

・「因果の法則」に従うため、「宇宙の意志」に従うため、私達は心を磨きつづけます。宇宙の「愛」に応えるために。
3年　浅野　雄大……169

・災難や幸運を神が与えた試練として前向きに生きるという生き方を学ぶことができました。
3年　石川　奎一郎……170

・宇宙と同じく、我々人間も「希望」がある、と改めて実感することができました。
3年　伊藤　千恵……171

・もしかしたら、これからまた、震災がおこるかもしれません。しかし、私たちは運命を変えることができます。
3年　大谷　瑞季……172

・稲盛先生が話して下さった宇宙の話のように小さな一人の声、「意志」からいろんな風に広がって大きなことができるというように考えました。
3年　大塚　沙有美……173

・震災後、嫌でたまりませんでしたが、これも試練なのだ、と前向きに考え、過ごすことができそうで、良かったです。
3年　角田　日香里……174

・1＋1＝2と、すぐに答えが出てしまう人生ではないと聞いた時に、私が今続けていることを、もう少し頑張ってみようかなと思いました。
3年　工藤　理子……175

・今回の稲盛和夫さんの公開フォーラムは、自分の考えを改めさせる、そしてとても納得できる大変貴重なものでした。
3年　久保田　秀徳……176

・善きことを思い善きことが起こると、気持ちもよくなり、そこから循環がよくなっていくんだ、と思いました。
3年　古河　夏鈴……177

・福島県民として、3・11の大震災を乗り越えて、生きていかなければなりません。原発についても風評被害があり、団結し合いがんばっていかなければなりません。
3年　柳沼　勇唯斗……178

学園創立八〇周年に大きな恵み――稲盛和夫氏の講演に子どもたちは感銘を受けました
郡山ザベリオ学園　学園長　守屋　博子……190
稲盛和夫塾長と福島の子どもたちの縁に感謝
郡山ザベリオ学園　後援会会長　山口　松之進……194

第1部

稲盛和夫──人は何のために生きるのか

人は誰でも幸せな、すばらしい人生を全《まっと》うすることができる

私は、自分の人生を振り返ってみて、人は誰でも幸せな、すばらしい人生を全《まっと》うすることができるのだと考えております。たとえ現在が苦しい境遇《きょうぐう》にあろうとも、その中で生きていく、その生き方によって人生はすばらしいものになっていくと思います。

私は今日まで生きてきた中で気付いていることがあります。現在が苦しければ苦しいほど、人は愚痴《ぐち》や不平《ふへい》不満をつい、もらしてしまうものです。

しかし、それは結局自分に返ってきて、自分自身をさらに悪い境遇へと追いやってしまいます。そのことを私は自分の八〇年の人生で体験してきました。どんな境遇にあっても、人は感謝の心というものを忘れてはいけないと思います。人生で手に入らないもの、足りないものもたくさんあることでしょう。また人によっては体が必ずしも健康でないかもしれません。それでも元気に生きてい

る、その生きているということだけでも感謝をすることが大切だと思います。

常に感謝の心を忘れず、周囲にいる人たちにお礼を申し上げる。またこの社会や自然に対して感謝するという美しい心を持つことが大事だと思います。

そのような美しい澄《す》み切った心をもって人生を歩んでいけば、必ずすばらしい人生がその人に訪れると信じています。


私はこの八〇年に及ぶ人生を振り返りながら、どうして私がそのような心境になってきたのかということをお話して、皆さんの生き方の参考にしていただければと、思っております。

人生とはどうなっているのか、自分には将来どんな人生が待ち受けているのか、これは誰も知るよしがありません。しかし人生を渡っていく中で、それがどのように作られていくのかということを、少しでも知っているのと、全く知らないのとでは、今後皆さんが歩いていかれる人生の方向は変わっていくように思います。


私は、本年で八一歳になりました。元々は技術屋でございまして、当初はファインセラミックスの研究開発をいたしておりました。二七歳のときに京セラという会社をつくっていただきまして、その後今日《こんにち》まで、五〇年以上にわたり、経営にあたってまいりました。

この八〇年余りにわたる人生を振り返ってみまして、人生とはこのようになっているのではないかと私なりに考え、思っていることをお話することで、皆さんが今後の人生を歩いていかれるときのご参考になれば、幸いに存じます。

1

善いことを思い、善いことを行えば、人生には良い結果が生まれる

「運命」という縦糸《たていと》と「因果《いんが》の法則」という横糸で織りなされる生

人は若い頃、誰でもそうだと思いますが、どういう人生を辿《たど》っていこうかと考えるものです。たとえば、将来は立派な経営者になりたい、立派な芸術家になりたい、立派な先生になりたい――。そういう様々な思いを持って、人は人生を歩き始めていくのでありましょう。

しかし、その人生はどういうふうにできあがっているのでしょうか。

私は、先ほど申し上げたように、若くして京セラという会社を経営することになりました。経営の経験などなく、二七歳という若さで経営に携《たずさ》わるようになっ

たのですが、会社が潰《つぶ》れないように経営していくにはどうすればよいのか、従業員を守っていくのにはどうすればよいのか、毎日毎日一生懸命に考えておりました。

今、会社を経営しているけれども、果たしてこの会社はうまくいくのだろうか。どうすれば倒産という悲劇から免《まぬか》れることができるのだろうか。どうすれば従業員を幸福にできるのだろうか――。

そういうことを思いながら、日々必死に努力をしてまいりましたなかで、私は人生とはどうなっているのだろうかということをずっと考え続けておりました。

人生というものは、我々個々人が生まれたときから死ぬまでのあいだにどういう道を辿っていくのか、もうすでに決まっているのではないだろうか。すなわち、人にはそれぞれ決められた運命というものがあるのではないか。自然が与えたのか、神が与えたのか知りようもありませんが、我々は人生で辿っていくべき運命というものを背負って、この現世に生を受けたのではないだろうか――。

私はそういうふうに思うようになりました。

つまり、私たちは自分に定められた運命という縦糸《たていと》を伝って人生を生きていくと思うのです。また同時に、その運命というものに翻弄《ほんろう》されながら、人は人生のなかでいろいろなことに遭遇《そうぐう》していきます。

そして、その過程で、善《よ》いことを思い、善いことをすれば、人生には良い結果が生まれる。悪いことを思い、悪いことをすれば、人生には悪い結果が生まれるという「因果の法則」があるということも、私は思い始めるようになりました。

自分自身に定められた運命に従って生きていくなかで、その途中の節々《ふしぶし》で自分が思ったこと、行ったことによって、人生の結果が新たに生まれてくる。この因果の法則が横糸として、我々の人生のなかを走っているのではないかと思うようになってきたのです。

つまり、運命という縦糸と因果の法則という横糸で織られた布《ぬの》がそれぞれの人の人生を形づくっているのではないかと、私は考えるようになったわけです。

経営に悩んでいた若い日に『陰騭録《いんしつろく》』より学んだ「立命《りつめい》」

皆さんは運命というものを信じられないかもしれません。また、因果の法則というものも信じられないかもしれません。しかし私は、若い頃からその存在を信じてまいりました。

そのきっかけになったのは、経営に悩みに悩んでいた若い頃に出合った、東洋哲学を広く世に説いた安岡正篤《やすおかまさひろ》さんの『運命と立命』という本でした。中国の『陰騭録《いんしつろく》』という書物を、安岡さんが解説しておられる本なのですが、ここには運命と因果の法則で織りなされているのが人生なのだということがよく説明されています。今から、その内容をかいつまんでご紹介してみたいと思います。

『陰騭録』とは袁了凡《えんりょうぼん》という人の手になるもので、今から四〇〇年ぐらい前、中国は明の時代に書かれたものですから、日本では豊臣秀吉や徳川家康などが活躍をしていた頃で、そんなに遠い昔の話ではありません。

袁了凡さんがまだ袁学海《えんがっかい》という名前であった、幼い頃のこと。ある日、学海少年のところに「私は南の国で易《えき》を究《きわ》めたものだ」という白髪《しらが》の老人が訪ねてきました。易とは、日本でいう占《うらな》いのことで、中国では古くからあるたいへん深遠《しんえん》な学問でありました。

白髪の老人は「この国にいる袁学海という少年に、私自身が究めた易の神髄《しんずい》を伝えるよう天命が下った。そこで、遠い南の国からわざわざあなたを訪ねてこの国まできたのです」と言い、その日、学海少年の家に泊《と》まることになります。学海少年の家は、お父さんを若くして亡くしたため、お母さんと学海少年の二人暮しでした。

その夜、白髪の老人は、学海少年を見つめながら、お母さんに少年の未来について話をしていきます。

「お母さんは、将来、この子を医者にしようと思っておられますね」

「はい、そのように思っています。私どもはお祖父《じい》さんの代からの医者の家系《かけい》です。若くして亡くなったこの子の父親も医者でした。ですから当然、この子も医者にしようと思っています」

「いやいや、この子は医者にはなりません。科挙《かきょ》の試験を受けて、この子は立派な高級官僚《かんりょう》として出世をしていきます」

科挙の試験というのは、中国に古くからある高級官僚になるための登用《とうよう》試験《しけん》のことです。

白髪の老人は続けて話します。

「この子は何歳のときに郡の試験を受け、何人中何番で受かります。また、何歳のときには県の試験を受け、何人中何番で受かります。その何年かあと、さらに上の試験を受けますが、残念ながら、そのときは不合格になります。翌年、再度その試験に挑戦《ちょうせん》をし、何人中何番で受かります」

科挙の試験というのは、郡、県というふうに段階を踏んでいき、最終的に中央の試験に合格すれば高級官僚になることができるものです。白髪の老人は、その各段階の試験の結果がどうなるかということを話していくわけです。

「ついには、見事に最終の国家試験に受かり、中央のお役人へと出世をします。そして、若くして地方の長官となりましょう。結婚はしますが、残念ながら子供には恵まれず、五三歳で天寿《てんじゅ》をまっとうします。この子はそういう運命になっています」

変なことを言う老人だと思いながら、学海少年はその夜の老人の話を聞いていたのですが、実はその後、この学海少年は老人が話した通りの人生を辿っていくことになるのです。何歳のときに何の試験を受けて何人中何番で受かり、あるときは受からない、すべて老人が言った通りの結果になっていくのです。

見事に中央の役人に任官し、学海さんは若くして地方の長官に任《にん》ぜられます。その赴任《ふにん》した地には立派な禅寺《ぜんでら》がありました。そこに雲谷禅師《うんこくぜんし》という有名な老師がいることをかねてから聞いていた学海さんは、その老師に教えを請《こ》おうと思い、早速《さっそく》禅寺を訪ねます。

運命は変えられる

最近、立派な長官が赴任してきたと聞いていた雲谷禅師は、「よく来られました」と学海さんを迎え入れ、「それでは一緒にどうですか」と二人で座禅《ざぜん》を組みます。素晴らしい座禅を組む学海さんには、迷いが一点もありません。そんな雑《ざつ》念妄念《ねんもうねん》のない澄み切った心境で座禅を組んでいる若い長官をみた雲谷禅師は舌《した》を巻《ま》きます。

「なんと立派なことか。あなたはどこで修行《しゅぎょう》をなされました？　お若いのに、これほどの立派な座禅を組めるということは、よほどの修行をなされたに違いない」

「いいえ、何も特別な修行などいたしておりません。しかし、もし、私に雑念妄念がないとご老師がみられたのであれば、実は思い当たることがあります」

そう言って、学海さんは少年の頃に出会った、あの白髪の老人の話を始めます。

「実は少年の頃、白髪の老人が訪ねてきて、母と私に私の運命について話をしてくれたのです。私はその白髪の老人がいった通りの人生を、こんにちまで歩いてまいりました。老人が言った通り、若くして長官にもなり、この地へ赴任してまいりました。結婚はしましたけれども、いまだに子供は生まれておりません。やがて五三歳で天寿がくるのでしょう。ですから私は、今後ああなりたいこうなりたい、あれをしたいこれをしたいという希望《きぼう》や野心《やしん》は持っていません。自分の運命の命ずるままに、今後も淡々《たんたん》とこの人生をまっとうしていこうと思っています。私に雑念も妄念もみられないとおっしゃったのは、そういう意味なのかもしれません」

それまで柔和《にゅうわ》な顔をして聞いておられた雲谷禅師でしたが、その話を聞いて、にわかに厳《きび》しい顔になり、学海さんを激《はげ》しく叱《しか》ったのです。

「素晴らしく聡明《そうめい》で、若くして悟《さと》りをひらいた賢《けん》人かと思ったが、あなたは何と、そんなに大バカ者だったのか」

「たしかにその老人が言った通り、我々にはそれぞれ運命というものが決まっています。しかし、その運命のままに生きるバカがいますか。運命は変えられるのです。『因果の法則』というものがあり、善いことを思い、善いことをすれば、運命は良き方向へと変わっていくし、悪いことを思い、悪いことをすれば、その運命は悪い結果へと変わっていく。そういう厳然《げんぜん》たる因果の法則というものが、我々の人生にはみな備《そな》わっているのです」

「善き原因は、良き結果を生み、悪い原因は悪い結果を生む――。つまり、人はみな、運命の命ずるままに人生を生きていきます。そのなかでいろいろなことに遭遇《そうぐう》し、そのときに善きことを思い、善きことを実行したとすれば人生は良き方向へと流れ、運命は変わっていくのです。一方、そのときに悪いことを思い、悪いことをしたとすれば、運命は悪い方向へと曲《ま》がっていくのです。それが人生というものなのです」

若くして長官になっただけあって、学海さんは素直な方だったとみえます。この雲谷禅師の教えにたいへんな感銘《かんめい》を受け、寺をあとにします。そして、家に戻った学海さんは、奥さんにそのことを話します。

「今日ご老師に会い、こういうことを教わった。だから、今日から私はできるだけ善いことを思い、善いことをしようと思う」

奥さんも聡明で素直な明るい方だったのでしょう。学海さんの話を受けて、「あなたがそう思うのなら、私も一緒に善いことに努めましょう。今後は毎日、二人して少しでも善いことを思い、少しでも善いことをするように気を付けていきましょう」と言ってくれました。

「善いことを思い、善いことを実行するような人生を送っていこう」

『陰騭録』という本は、ここで場面ががらりと変わります。

「なあ、息子よ。お父さんの人生は、実は今話したような人生だったんだよ。禅寺でご老師にお目にかかり、因果の法則というものを教えてもらったのち、お前のお母さんと一緒に少しでも善いことを思うように心がけ、少しでも善いことを実行しようとしてきた」

「そう努め始めてから、白髪の老人からは決して生まれてこないと言われていたお前が生まれた。そして五三歳で天寿をまっとうすると言われていた私が、七〇歳を過ぎた今もこうして元気に生きている」

袁了凡さんがそう息子に語っている、というお話が、『陰騭録』のあらましです。

当時、未だ中小企業《ちゅうしょうきぎょう》であった京セラが、いつ不況の嵐に見舞われて会社が潰れるかもしれない、しかし、なんとか潰れないように良い経営を続けていき、従業員を守っていかなければならない、お金を出していただいた株主《かぶぬし》の方々のためにも必死で頑張らなければならない。

若くして、経営に携わるようになり、一寸先《いっすんさき》が見えない人生を、どうして渡っていけばよいのかと悩んでいたときに、この本に出合い、「なるほど、人生はこういうふうになっていたのか。そうであれば、それに合ったような生き方をしていこう」と、私は思うようになりました。

どういう運命が待《ま》ち構《かま》えているのか、自分には知るよしもありませんし、運命の命ずるままに生きていくなかで、いろいろなことに遭遇することでありましょう。しかしそのなかで、少なくとも善いことを思い、善いことを実行するような人生を送っていこう。この本に出合って、私はそう強く思ったのです。

「善き思い」とは良心の中から出てくる、他を利するいつくしみの心

先ほど少しふれましたが、この『陰騭録』の中に出てくる「善き思い」とは、自分のまわりの人々に喜んでもらえるような、ささやかな親切、笑顔といったものでいいのです。

つまりこれは、我々の心の一番奥底にある「真我《しんが》」というもの、または一般にいう「良心」というものです。

この「真我」とは「真、善、美」にみちたものです。これは元々、我々が生まれたときから心のいちばん奥底に持っているもので、言葉を変えると、真我、良心というものは、人に善かれかし、他を利するという「利他《りた》」的な心であります。

一方、私たちは動物である人間として生きていくために、「本能」というものも持っています。この本能は、利己的な「自我」といっていいかもしれません。本能にまみれて、何としても食べていかねばならない、何としても人より余計に食べたい、余計儲かりたい、自分だけを大事にしていきたいという「利己」的な

心であります。

きれいな、美しい利他的な真我と、自分だけ良ければいいという利己的な自我。この二つがどなたの心の中にも同居しています。どちらの心が常に自分の思いとして生まれてくるかというのが、人生で一番大事なことであります。

善きことを思い、善きことを実行するとお話しましたが、真我、良心の中から出てくる利他的な思い、他を利するいつくしみの心、美しい愛の心、それが「善き思い」であります。

悪い思いというのは、自分の心のなかに同居している、自分だけ良ければいい、という利己的、自分勝手な心であります。

2

宇宙《うちゅう》には素晴らしい愛が充満《じゅうまん》し、すべてを慈《いつく》しみ育てていく意志《いし》がある

なぜ多くの人が因果の法則を信じられないのか

『陰騭録』に出合い、因果の法則があると思うようになりましたが、当時はまだ若い私です。また、理工系《りこうけい》の大学を出て技術屋《ぎじゅつや》としてセラミックスの研究開発《けんきゅうかいはつ》を行ってきた私です。

合理的《ごうりてき》で理屈《りくつ》っぽい私は、善いことを思い、善いことをすれば、人生は良い結果の方向へと変わっていくのだということを信じようと思っても、なかなか心の底からは信じられませんでした。

素直に信じることができなかったのは、この世の中には、やさしく美しい心、

たいへん素晴らしい心根《こころね》を持ち、善いことを思い、善いことを行っているにもかかわらず、あまり幸せな人生を送っていらっしゃらないような方がまま見受《みう》けられるからです。

また逆《ぎゃく》に、決《けっ》してよい人ではなさそうで、悪いことを思い、悪いことをしているのではないかと思えるような人が幸せそうな生活をしているというケースもあるからです。

ですから、『陰騭録』という本に接《せっ》し、そのようなことを思ってはみたものの、なかなか心の底からは信じられなかったのです。

同時に、私どもが受けてきた明治以来の日本の教育のあり方にも、心から素直にそのようなことを信じられない原因があるように思います。

江戸時代末期《まっき》、封建《ほうけん》社会が続いていた日本は、欧米列強諸国《おうべいれっきょうしょこく》の進出を受け、明治維新《いしん》を起こします。そこから近代国家への道を一瀉千里《いっしゃせんり》(物事が速くはかどること)に歩み始めるわけですが、そのとき明治政府は、日本の国を近代国家にするためには、科学技術の進歩が重要だと考えました。

そのため明治政府は、科学的で合理的なものの考え方をする人材の育成をはかりました。

同時に、江戸時代まで多く信じられてきた、運命や因果の法則といった証明できないもの、論理的《ろんりてき》でないものをすべて迷信《めいしん》として否定《ひてい》し、学校教育で教えてはならないものとして、排斥《はいせき》してしまいました。

そして、数学《すうがく》や物理化学《ぶつりかがく》といった、科学的で合理的なものの考え方をもとに、立国をはかっていこうとしたのです。

こういった明治以来の学校教育が災《わざわ》いして、我々は運命や因果の法則といったものを信じようとはしなくなったのだと思います。


さらに、もうひとつ理由があります。それは、因果の法則というものは「一＋一＝二」というふうに、簡単に合理的にすぐに結果が出てこないからです。

善いことを思っても、また善いことを行っても、すぐに人生に良い結果が生まれてくるわけではありません。

一カ月後なのか、二カ月後なのか、いや一年後、二年後になるのか、結果が出てくるまでに時間的なズレがあるからです。

もともと運命というものがあり、我々はその運命を辿っていくわけですから、運命的によい年回《としまわ》りのときには、少しぐらい悪いことを思い、少しぐらい悪いことをしても、運命の方が勝《まさ》り、すぐにそれが悪い結果となって出てくるわけではありません。

逆に運命的にたいへん悪い年回りのときに、少しぐらい善いことを思い、善いことをしても、すぐに良い結果が出てくるというようなこともありません。

つまり、「一＋一＝二」というふうに短期間でハッキリと結果が出るのであれば、人は因果の法則というものを信じるのでしょうが、運命と因果の法則が折《お》り重《かさ》なって存在《そんざい》しているために、なかなか単純明快《たんじゅんめいかい》には結果が出てこない。

そのために、多くの人たちは因果の法則を信じることができないのだろうと思います。

大きな気づきを得た宇宙創成《うちゅうそうせい》の話

私もそうでした。『陰騭録』で語られているように、運命という縦糸と、因果の法則という横糸で織り成された布が、私たちの人生なのだということを理解しよう、信じようとして、必死で悩《なや》み、考えました。

そのときに、天文物理学《てんもんぶつりがく》の最先端《さいせんたん》の研究に従事《じゅうじ》する、ある先生から宇宙創成に関するお話を聞いたことがきっかけで、大きな気づきを得ることができました。

そして、その気づきが、理工系の勉強をし、技術屋でもあった私に、因果の法則の存在を心から納得させてくれたのです。


現在、我々が住んでいるこの宇宙は、今から約一三七億《おく》年前、ごく小さなひと握《にぎ》りの高温高圧《こうおんこうあつ》の素粒子《そりゅうし》のかたまりでありました。

そのかたまりが大爆発《だいばくはつ》を起こし、現在あるこの大宇宙をつくり、そして今でも宇宙は膨張《ぼうちょう》し続けていると言われています。これが、ビッグバン理論《りろん》と呼ばれる、宇宙創成《そうせい》に関する、現在の天文物理学の理論的な説明です。

我々が生きているこの世界には、いろいろな物体《ぶったい》がありますが、その物体は全て、素粒子からつくられています。

宇宙も最初、ひと握《にぎ》りの小さな素粒子のかたまりにすぎなかったものがビッグバンといわれる大爆発を起こし、膨張を始めていきました。

この爆発と膨張のなかで素粒子同士が次々に結合《けつごう》して陽子《ようし》という粒子をつくり、

また中間子《ちゅうかんし》、中性子《ちゅうせいし》をつくりました。

また、この三つの粒子が結合して初めて原子の原子核《げんしかく》が生まれました。

さらには、この原子核に電子がひとつトラップ（捕らえる）されて、この宇宙で一番小さな原子、水素原子が初めて誕生したのです。

水素原子は、もちろん我々の目にはみえませんが、このなかには原子核があり、その周囲を電子がひとつまわっています。原子核は陽子、中性子、中間子の三つからできているのですが、これを壊《こわ》せば、複数の素粒子が出てきます。


つまり、元々は素粒子でしかなかった宇宙が大爆発を起こしたことによって素粒子同士が結合して、陽子、中性子、中間子をつくり、さらにこの三つが結合して、最初の原子核をつくった。そしてそこに電子がつかまることによって一番小さな原子である水素原子が生まれた、というわけです。

そして、その水素原子が核融合《かくゆうごう》を起こし、水素原子同士が結合《けつごう》すれば、水素原子の二倍の重さになるヘリウムという原子ができます。

水素原子が水素爆弾《ばくだん》と同じ原理で核融合を起こし、互いが結合するとき、膨大なエネルギーが放出《ほうしゅつ》されます。

このことは太陽をみればわかります。水素からできあがっている太陽では、水素原子同士がくっつき、水素よりひとつ重いヘリウムという原子が次から次へとつくられています。

この過程で、太陽は我々に膨大なエネルギーを供給《きょうきゅう》し、地球を温《あたた》めてくれているのです。

要するに、この宇宙はもともと目にもみえない、重さもないようなひと握りの素粒子にすぎなかったのです。それがビックバンという大爆発を起こしたことによって原子が生まれ、その原子同士も結合して、さらに重い原子を生み、そうして次から次へと原子をつくってきたのがこの宇宙であるわけです。

皆さんも高校の化学の時間に習った元素周期律表《げんそしゅうきりつひょう》のことを覚えていらっしゃることと思います。水素から始まりヘリウム、重いものでは鉄やウランというふうに、たくさんの元素があることを、そのときに習ったと思いますが、現在、地球上には一〇〇を超える原子、元素があります。

しかし、宇宙はその原子のままに留《とど》めることはありませんでした。それらの原子はまた、原子同士で結合し分子をつくっていきました。さらに、分子も互いに結合してもっと大きな高分子をつくりました。

この高分子のなかにＤＮＡ、つまり生命の起源となるようなものがトラップされ、地球上に初めて生命体が誕生しました。この生命体も次から次へと進化を重ね、人類という存在までつくりあげていきました。これが現在の地球の姿であり、宇宙の姿であるわけです。

宇宙の意志と合致したとき、人生は好転する

もともと宇宙は無生物であり、陽炎《かげろう》のようなものであり、目にもみえないようなひと握りの素粒子のかたまりでしかありません。

しかし宇宙は、素粒子を素粒子のままに放ってはおきませんでした。一瞬《しゅん》たりともそれを留め置くことなく、次から次へと成長発展させていったのです。

陽子、中性子、中間子をつくり、それがひとつになった原子核をつくり、原子核から原子をつくり、原子同士を結合させて分子をつくり、さらには生物へと進化させるというように、次から次へと生成発展を重ね、こんにちの宇宙をつくってきた。つまり、この宇宙には森羅万象《しんらばんしょう》（存在するすべてのもの）あらゆるもの

を生成発展させていく法則があると言ってもいいのではないでしょうか。

この宇宙には無機物《むきぶつ》、有機物《ゆうきぶつ》、すべてのものを慈しみ、育て、良い方向へ良い方向へと進めていくような気が流れていると言ってもよいのかもしれません。

または、宇宙にはすべてのものを愛し慈しみ、良い方向へと流していくような愛が充満している、あるいは宇宙にはすべてのものを慈しみ育てていくような意《い》志《し》があると言ってもよいのかもしれません。


誰の手になるものか知るよしもありませんが、宇宙ができてからこんにちまで、道端《みちばた》に転《ころ》がる石ころや土くれなど無生物までも、全ての森羅万象を良い方向へと進化発展をするようにしてきたのです。

つまり、ビッグバンが始まってから一三七億年という長い歴史のなかで、宇宙は一瞬たりとも休むことなく、すべてのものを愛し慈しむかのように、我々を良い方向良い方向へと導き、進めてきたのです。


そういうことをしてきたのが宇宙であり、宇宙にはそういう意志があると思ってもよいのではないか。宇宙には素晴らしい愛が充満し、すべてのものを慈しみ育てていくような意志があると言ってもおかしくはないのではないか——。

天文物理学の最先端の理論を聞いたとき、私はこのことに気がついたのです。そのような宇宙に我々が住んでいるとすれば、我々はどのようなことを思い、どのような想念《そうねん》を抱《いだ》き、どのようなことを実行するのか、ということが大切になってきます。

我々がすべてのものを良い方向へと進めていこうという意志が充満《じゅうまん》している宇宙に合うような想念を、つまり、すべてのものを愛し、すべてのものを慈しみ、すべてのものに善かれかしと願うような想念を抱いたときには、宇宙の波長《はちょう》と合い、人生が好転していくのです。

このように考えれば、「なるほど」と、うなずけるわけです。『陰隲録』で説かれている因果の法則は単なる迷信《めいしん》ではない。科学的に考えても辻褄《つじつま》が合うと、私は理解をいたしました。

理工系出身なだけに、理屈っぽい私です。科学的に考えて合理的でなければならないと考えている私でも、これならばと理解ができました。そして、科学的に考えても因果の法則が厳然《げんぜん》として存在するならば、それに従って生きていかなければならないと、私はそのときから思ってきたわけです。

3

因果の法則にしたがうことで好転した私の人生

試練《しれん》にどう対処《たいしょ》するかでその後の人生が変わる

実際に私は、この人生を生きるなかで、できるだけ災難《さいなん》に遭《あ》わないように、会社が倒産《とうさん》しないように、従業員《じゅうぎょういん》を路頭《ろとう》に迷《まよ》わさないようにしよう。そのためには少しでも善いことを思い、善いことをするようにしていこうと努めてきました。

つまり、因果の法則を信じ、それに沿って生きていこうとしてきたわけですが、実のところは、なかなか人生は思い通りにはいきませんでした。思わぬ災難に遭《あ》ったり、思わぬ幸運《こううん》に出合《であ》ったりして、この人生を一喜一憂《いっきいちゆう》しながらこんにちまで生きてまいりました。

また同時に、企業経営に懸命に努めながら、私が出合った数多くの災難や幸運。私はそれらの両方を、人生における試練だと思ってまいりました。

そして、そのような人生における試練に出合ったとき、その試練に対して、どのように対処したのかによって、その後の人生が決まっていくのではないかということに、気がつくようになってきました。

自然というものは、我々が人生を生きていくなかで試練を与えます。私のいう試練とは、あるときには災難であったり、あるときには幸運であったりします。

幸運に恵まれることも、その後、謙虚《けんきょ》さを忘れ、傲慢《ごうまん》になり、没落《ぼつらく》していく人がいることを考えれば、試練のひとつなのだと、私は思うのです。

どんな試練でも神が与えてくれたものと感謝し、明るく努力を続けていく

決して、災難だけが試練ではありません。

そのような幸不幸いずれの試練に出合ったときにも、どのように対応するのか。それによって、その後の人生が変わっていくと思っていた私は、災難に遭おうとも、幸運に出合おうとも、どんな試練であろうとも、それを感謝の心で受け入れていこうと考えてきました。

「ありがとうございます」という感謝の心で、災難という試練を受け取ろうとしてきたのです。

人というものは災難に遭えば、「なぜ私だけがこんな目に遭うのか」と思ってしまい、世間を恨《うら》んだり、人を妬《ねた》んだり、挙句《あげく》の果てには嘆き悲しみ、自分自身を腐らせてしまうことさえあります。

そして愚痴《ぐち》をこぼしながら、自分の人生をますます暗いものにしてしまうというのが普通の姿だと思います。

しかし私は、決してそういうふうにならないようにしよう、どのような災難に遭おうとも、それは試練として神が私に与えてくれたものだと受け止めて、前向《まえむ》きに、ひたすらに明るく努力を続けていく、そんな生き方をしていこう――。

私はそのように思い、人生を生きてきました。

災難続きだった青少年時代

それでは、たいへん恥《は》ずかしいのですが、そんな私の人生を振り返ってみたいと思います。

私は、鹿児島市内《かごしましない》の生まれです。小学校の頃《ころ》は利発《りはつ》な子供ではなく、遊びに夢中な、いわゆるガキ大将《だいしょう》のひとりでした。

第二次大戦中《だいにじたいせんちゅう》、鹿児島一中という鹿児島で一番優秀《ゆうしゅう》な旧制《きゅうせい》中学を受けましたが、あまり勉強をしていなかったために受かりませんでした。

その後、国民学校高等科に一年通い、翌年同じ鹿児島一中を受験しましたが、これもまた失敗してしまいました。まだ一二、一三歳の頃です。また当時、私は肺結核《はいけっかく》を患《わずら》い、死ぬような思いもしています。

その後、一年遅れで私立の鹿児島中学へと進学しました。私の家は空襲《くうしゅう》で焼《や》けてしまい、印刷業《いんさつぎょう》を営んでいた父親も職を失ってしまいました。戦後は焼け野原のなかで、たいへん困窮《こんきゅう》した生活を送っていました。

当然、大学など、とても行けそうにもない状態でしたが、高校の先生が両親に強く勧めてくれたおかげで、なんとか大学には進むことができました。

しかし、第一志望であった大阪大学の医学部には受からず、詮方《せんかた》（なすべき手段）なく、地元の鹿児島大学工学部応用化学科に入学しました。

しかし、困窮していた親を頼《たよ》るわけにはいきません。育英奨学金《いくえいしょうがくきん》とアルバイトで学費《がくひ》を賄《まかな》い、食事だけは家で食べさせてもらいながら学生生活を送りました。

やがて就職《しゅうしょく》の時期がきました。しかし、就職をするといいましても、私が大学を卒業した昭和三〇年は、朝鮮戦争《ちょうせんせんそう》終結後《しゅうけつご》の不況による就職難で、どの会社も採用してくれません。

また当時は、いくら成績が優秀でも、地方大学を出た学生が中央の一流の会社に採用してもらうことなど、とうてい不可能な時代でもありました。

どこにも採用してもらえない私は、この世の中、真面目《まじめ》な生き方をしても、まともな生き方をしても、人生はなかなかうまくいかないのではないだろうかと、世をすね、斜《はす》にかまえて世間を眺めていました。

大学時代に若干空手《じゃっかんからて》を習っていたこともあって、このままどこにも就職できないなら、いっそインテリヤクザにでもなってやろうかとさえ思ったことがありました。

そんな私をみて、大学の先生は不憫《ふびん》に思ったのでしょう。いろいろと走りまわってくださった末に、京都の焼《や》き物《もの》の会社をみつけてくださいました。

その会社は松風工業《しょうふうこうぎょう》といい、高圧電線《こうあつでんせん》の碍子《がいし》（電気を絶縁し、電線を固定するための陶磁器製の器具）をつくっていました。先生の知り合いがそこで技術部《ぎじゅつぶ》長《ちょう》をしていたというご縁《えん》で紹介《しょうかい》をいただき、私はその会社へ就職することになりました。

入社してみますと、その会社は歴史《れきし》はあるのですが、戦後一〇年間はずっと赤《あか》字経営《じけいえい》を続けていることがわかりました。そのため、ボーナスを出せとか、昇《しょう》給《きゅう》せよとか、毎年労働争議《ろうどうそうぎ》に明け暮《く》れていました。

私も入社の翌月《よくげつ》から給料が遅配《ちはい》になりました。給料を手にするのが、いつも一週間遅れる、二週間遅れるという会社であったわけです。

先生の紹介でようやく入れてもらった会社でしたが、私はこんな会社に長くいてもダメだと思うようになってきました。

そう思っていたのは私だけではなく、一緒《いっしょ》に入った大卒《だいそつ》五名も一人欠《か》け、二人欠けというふうに次々と辞《や》めていきました。

四月に入社し、その年の秋頃には同期で入社した者はみんな辞めてしまい、最後に残ったのは私一人になってしまいました。しかし、就職難の時代ですから、辞めたところで行くあてもない私は、その会社に残らざるをえませんでした。

研究に没頭し、明るく前向きに努力したことが私の運命を好転させた

逃《に》げる場所もありません。詮方なく、私はその会社の粗末《そまつ》な研究室で、命じられた新しいファインセラミックスの研究に没頭《ぼっとう》せざるをえなくなりました。

会社へは寮《りょう》から通っていましたが、やがて私は寮と会社を往復《おうふく》する時間さえ惜《お》しいと思うようになり、自分の研究室に鍋釜《なべかま》を持ち込み自炊《じすい》までする。そこま

で研究に没頭していったのです。

世の中の現実が厳《きび》しければ厳しいほど、そこから逃れよう、それを忘れようという思いも強くなります。このことも、私が連日連夜、ファインセラミックスの研究に没頭していった理由でした。

当時の自炊といいましても、食事はみそ汁とごはんだけでした。ごはんは七輪《しちりん》の上に釜《かま》を置き、朝昼晩の一日分を炊《た》きます。みそ汁も鍋《なべ》でつくるのですが、具などはありませんでした。八百屋で買ってきたネギをきざんで鍋に入れ、それに天ぷらのカスを入れてみそ汁をつくりました。そういう食事を来る日も来る日も続けながら、研究に没頭していきました。

当時、私はボロ会社に入った自分の運命《うんめい》を嘆《なげ》き、私を採用してくれなかった社会や会社に対して恨《うら》みに似たような思いを持っていました。

よい会社に入るには縁故《えんこ》がなければならないと言われていた社会を恨み、自分の運命を恨み、不平を鳴らし、愚痴をこぼしてばかりいました。

しかし、研究に没頭しているあいだは、そういう世間の憂《う》さも忘れることができます。

しかし、そうして純粋に研究に没頭し始めますと、創意工夫《そういくふう》をするから研究がうまくいくようになってきたのです。素晴らしい研究成果が生まれ、その結果、上司《じょうし》にも褒《ほ》められ、学会で発表すれば多くの学者から認められるようになりました。

褒められれば、さらに元気が出て頑張《がんば》ります。頑張りますから、さらに研究がうまくいくようになる、そのように次から次へと私の運命が好転《こうてん》をし始めたのです。

大学を卒業し、その会社に入るまでの私の人生は、旧制中学を二回もすべり、死ぬような結核にもかかり、希望した大学にも受からず、一流会社の就職試験でも落とされる。やっと入った会社はボロ会社で、今にも潰れそうで、同期入社の人間はすべて辞めてしまい、自分ひとりだけが取り残されてしまう——。

災難《さいなん》とも言えるような少年時代、青年時代を送ってきたわけです。このような運命を生き、降《ふ》りかかってくる災難を恨み、妬《ねた》み、愚痴と不平をこぼしていた私が、それらを振り払うように研究に没頭し始めてからそんな過酷な人生が大きく変わり始めたのです。

一生懸命に努力して研究をすれば、良い結果が生まれます。結果が良ければ褒められます。褒められれば、嬉しくなってさらに頑張ります。頑張れば、もっと会社へ貢献《こうけん》することができ、また褒められます。そうすれば、ますます嬉しくなり、さらに頑張ります。

このようにして、良い方へ良い方へと私の運命が好転していったわけです。そういう経験をしてきた私であっただけに、先ほど言いましたこと、つまり災難や幸運を神が与えた試練として受け止めて、前向きにひたすらに明るく努力を続けていく生き方をしたいと素直に思えるようになったのだと思います。

子供の頃から会社に入るまでのこと、そしてそののちに私の運命が好転していったことを考えれば、たしかに因果の法則というものは存在する。それは正しいことなのだと、私は今、心から信じています。

4

「他《た》に善《よ》かれかし」と願う一途《いちず》な思いが強大なパワーを発揮《はっき》する

京セラ・第二電電《だいにでんでん》、そして日本航空《にほんこうくう》の再建《さいけん》

私が二七歳のときにつくっていただいた京セラという会社は、こんにち一兆四〇〇〇億円ほどの売上を誇る、日本を代表するメーカーの一つに成長いたしました。

また、三〇年近く前につくりました第二電電（現ＫＤＤＩ）も、ａｕという携帯《けいたい》電話事業《でんわじぎょう》などを通じて、売上は現在四兆円に迫り、この両社の利益を合算するならば、年間の営業利益は約六〇〇〇億円という、素晴らしい実績《じっせき》をあげるまでに至《いた》りました。

鹿児島に育った、どこにでもいそうな少年であり、平凡な青年であった私です。そういう私が、人生でできるはずもないものをつくりあげることができたのです。因果の法則に従って生きてきた人生が、そのようなものをつくりあげてきたのだと思います。

人は運命の導《みちび》くままに人生を生きていきます。しかしその人生のなかで、常に明《あか》るく前向《まえむ》きに、善きことを思い、善きことを実行していくならば、必ずその人生は良い方向へと好転していきます。私はこのことを自分の体験から固く信じています。

そのことを皆さんに証明する事例がもう一つあります。それは、私が近年、携《たずさ》わってまいりました日本航空の再建です。今思えば、この再建も、善きことを思い、善きことに努めてきた、その結果ではないかと思うのです。

「他に善かれかし」と願う、純粋《じゅんすい》で一途《いちず》な思いが強大なパワーを発揮して、破《は》綻《たん》した企業を救うばかりか、高収益《こうしゅうえき》企業へと変貌《へんぼう》させたのです。このことについて、お話し申し上げたいと思います。

「世のため人のために役立つことが人間として最高の行為である」

二〇〇九年の年の暮《く》れ、私は政府と企業再生支援機構《きぎょうさいせいしえんきこう》から「日本航空の会長に就任《しゅうにん》してほしい」との強い要請《ようせい》をいただきました。

私自身、航空業界には全くの素人《しろうと》であり、また高齢《こうれい》であることから、お受けすべきかどうかたいへん悩みました。

友人や知人、家族も含めて、誰もが大反対であり、「晩節《ばんせつ》を汚《けが》すのでは」と心配する声ばかりでした。

考え悩んだ末、「世のため人のために役立つことが人間として最高の行為である」という私の人生観に照らし、またこの後に申し上げる三つの理由から、最終的にお引き受けすることに決めました。

ただし、高齢のため、当初は「フルタイムに勤務することはできないだろう。週に三日くらいの勤務《きんむ》になるだろうから、ボランティア、つまり無給《むきゅう》でやらせていただきます」とお断《ことわ》りをして、会長職をお引き受けすることにしました。

「利他《りた》の心」に基《もと》づいた三つの大義《たいぎ》

しかし、再建をお引き受けするとお答えをしたものの、航空業界には全くの素人である私にとって、確かなものは何もありません。新聞雑誌でも、「誰がやっても日本航空の再建は難しい。ましてやメーカー出身の経営者である稲盛が再建にあたるようでは、決してうまくはいかないだろう」と冷ややかに言われていました。

そうした中にあっても、私の信念が揺るがなかったのは、先ほども申し上げたように、日本航空の再建には、次の三つの意義があると考えていたからです。

一つは、日本経済への影響です。日本航空は日本を代表する企業であるだけでなく、伸《の》び悩《なや》む日本経済を象徴《しょうちょう》している企業でもありました。その日本航空が二次破綻《はたん》（うまくいかなくなること）でもすれば、日本経済に多大な影響を与えるだけでなく、日本国民も自信を失ってしまうのではないかと危惧《きぐ》（悪い結果になりはしないかと心配しおそれる）

いたしました。一方、再建を成功させれば、あの日本航空でさえ再建できたのだから、日本経済が再生できないはずはないと、国民が勇気《ゆうき》を奮《ふる》い起《お》こしてくれるのではないかと思った次第です。

二つには、日本航空に残された社員たちの雇用《こよう》（会社が生活を保障して社員を雇《やと》うこと）を守るということです。

再建を成功させるためには、残念ながら、一定の社員に職場を離れてもらわなくてはなりません。しかし、二次破綻しようものなら、全員が職を失ってしまうことになります。それだけは避《さ》けるべきだ、残った社員の雇用だけはどうしても守らなくてはならない、と考えました。

三つには、国民のため、すなわち利用者の便宜《べんぎ》（便利で都合がいいこと）をはかるためです。

もし、日本航空が破綻してしまえば、日本の大手航空会社は一社だけとなり、競争原理《きょうそうげんり》が働かなくなってしまいます。運賃は高止《たかど》まりし、サービスも悪化してしまうことでしょう。それは決して国民のためになりません。

健全《けんぜん》で公正《こうせい》な競争条件のもと、複数の航空会社が切磋琢磨《せっさたくま》（おたがい励まし合って力を高める）する中でこそ、利用者に、より安価《あんか》でより良いサービスが提供できるはずです。そのため、日本航空の存在が必要だと考えました。

日本航空の再建には、このような「利他の心」に基いた三つの大きな意義、「大義（人のおこなうべき正しい道）」があると考え、いわば義侠心《ぎきょうしん》（弱きを助ける男気《おとこぎ》）のような思いから、私は日本航空の会長に就任し、再建に全力を尽くそうと決意した次第です。

企業とは、そこに集《つど》う全社員の幸福のためにこそ存在する

そして私は、この三つの大義を、日本航空の社員にも理解してもらうように努めました。社員たちもそのことを通じ、日本航空の再建は、単に自分たちのためだけではなく、立派な大義があるのだ、世のため人のためでもあるのだと理解し、努力を惜しまず、再建に協力してくれるようになりました。

このことには、私が高齢であるにもかかわらず、誰もが困難と考えていた日本航空の再建を無報酬で引き受けたということも幸いしたのかもしれません。先に

お話したように、当初は週三日くらい、と考えていましたが、しだいに日本航空本社に詰《つ》めるのが週四日、週五日となっていきました。

私は八〇歳を前にして、週のほとんどを東京のホテル住まいで過ごし、ときには夜の食事がコンビニのおにぎりになることもありました。

そのような姿勢《しせい》で懸命《けんめい》に再建に取り組む私の姿を見て、労働組合を含め多くの社員が「本来なら何の関係もない稲盛さんがあそこまで頑張っているなら、我々はそれ以上に全力を尽くさなければならない」と思ってくれたようです。

同時に、私は会長に就任してすぐに、「新生日本航空の経営の目的は、全社員の物心両面《ぶっしんりょうめん》（物質的なことと精神的なことの両方の面）の幸福を追求する」ことにあるということを、繰り返し社員に訴えていきました。

企業とは、株主のためではなく、ましてや経営者自身の私利私欲《しりしよく》（自分のための利益）のためではなく、そこに集う全社員の幸福のためにこそ存在する、というのが私の確固たる信念であり、私の経営哲学の根幹《こんかん》をなす考え方でありました。

そうした会社の経営の目的を説くことで、日本航空の社員たちは会社を自分たちの会社と考えるようになり、再建に向けた強い意志をともに共有《きょうゆう》することができたように思います。そして、自分たちの会社の再建のために、また仲間のために尽くすという心をベースに、経営幹部《けいえいかんぶ》から社員までが自己犠牲《じこぎせい》（重要な目的のために自分の生命や大切なものをささげること）をも厭《いと》わない姿勢で再建に臨んでくれました。

一人ひとりが人間として正しく「善きこと」を思い「善きこと」を実行しよう

その上で、私は自分の人生哲学、経営哲学である「京セラフィロソフィ」という考え方を、日本航空の幹部、社員たちに説いていきました。

つまり、日本航空再建の大義を果たし、全従業員の物心両面の幸福を実現していくには、こういう考え方で仕事に向かい、経営にあたらなければならないということを、全社員が共有しなければならないと考えたのです。

その「京セラフィロソフィ」とは、具体的には、「常に謙虚《けんきょ》（自分をえらいものと思わないで他に学ぶ気持ちがある）に素直な心で」「常に明るく前向きに」「真面目に一生懸命仕事に打ち込む」「地味な努力を積み重ねる」「感謝の気持ちをもつ」などといった、人間としてのあるべき姿、人間としてなすべき「善きこと」についてまとめたもので、私はその一つひとつを日本航空の社員たちにひもといていきました。

そして、そうした人間としての「善きこと」の実践に、社員一人ひとりがそれぞれの持ち場立ち場で懸命に努めていきました。するとマニュアル主義と言われていた、日本航空のサービスは目にみえて改善され、全社員がお客様のことを第一に考えて、心のこもったサービスを自発的《じはつてき》に提供《ていきょう》できるようになり、それとともに業績《ぎょうせき》も向上《こうじょう》していったのです。

航空運輸業とは、飛行機をはじめ運行や整備に必要な機器《きき》を多数所有しているため、巨大な装置産業《そうちさんぎょう》だと思われがちですが、実際はお客様に喜んで搭乗《とうじょう》していただくことが何より大切な「究極のサービス産業」だと、私は考えていました。

つまり、空港のカウンターで受付業務《うけつけぎょうむ》をしている社員が、お客様にどういう対応をするのか。

飛行機に搭乗し、お客様のお世話をするキャビン・アテンダントがどういう接《せっ》遇《ぐう》をするのか。

飛行機を操縦《そうじゅう》し安全に運航する機長・副操縦士がどういう機内アナウンスをするのか。

さらには飛行機のメンテナンスに従事する整備の人たち、また手荷物等をハンドリングするグランドハンドリングの人たちが、どういう心のこもった仕事をするのか。

そういう現場の社員たちとお客様との接点こそが航空運輸業にとって最も大切なことであり、そのことを通じて、お客様がもう一度「日本航空に乗ってみたい」と思うようになっていただかなければ、お客様が増えるはずはなく、業績は向上していかないはずです。

そのため私は、お客様と接する社員一人ひとりがどういう考え方を持ち、どのように仕事をしなければならないかということを、現場で直接社員に語りかけるようにしたのです。

つまり、社員一人ひとりが人間として正しく、「善きこと」を思い、「善きこと」を実行しようと努めるよう、働きかけていったのです。そして、そのような考え方が社員に浸透《しんとう》するに従って、日本航空の業績は劇的《げきてき》に改善していったのです。

再建初年度には一八〇〇億円、二年目には二〇〇〇億円を超える過去最高の営業利益を達成することができました。

これは世界の大手航空会社の中で最高の収益性であったばかりか、全世界の航空会社の利益合計のおよそ半分に相当したとのことです。

そして、昨年九月には、東京証券取引所《しょうけんとりひきじょ》に再上場《さいじょうじょう》を果たし、企業再生支援機構からの出資金である三五〇〇億円に加え、約三〇〇〇億円をプラスして、国庫《こっこ》にお返しすることができました。この再建三年目も好業績を維持しており、一九〇〇億円をこえる利益をあげています。

人智《じんち》を超えた偉大な力が支援してくれるような人生を送る

再建をほぼ成し遂げ、その任を終えた私は、この三月で日本航空を退任いたしました。これまでの三年にわたる日々を振り返り、なぜこのような奇跡的な再生を果たすことができたのか、夜、床につくときにしみじみと考えました。

もちろん私は、日本航空にはびこっていた官僚主義《かんりょうしゅぎ》を打破《だは》するために、責任体制を明確にするような組織改革に努めました。また、採算意識《さいさんいしき》の向上をはかるために管理会計の仕組みも構築しました。

そうした様々な改革も、再建に大きく寄与したことは確かです。

しかし、日本航空が劇的な再建を果たすことができた真の要因は、やはり「善きこと」をなそうとした純粋な心にあったのだと思うのです。


つまり、先ほど述べましたように、私は、日本経済の再興のため、また残った日本航空の社員のため、さらには日本国民のために、老骨にむち打ち、無報酬で日本航空の再建に取り組んでまいりました。また社員たちも、同じ思いで懸命に取り組んでくれました。

そのような、ただ「利他の心」だけで、会社再建に懸命に努力を重ねている私どもの姿を見て、神あるいは天が哀《あわ》れに思い、手を差し伸べてくれたのではないかと思うのです。

そうした「神のご加護《かご》（助け）」なくして、私の力だけで、あのような奇跡的な回復ができるはずがないと思うのです。

今、世間は、日本航空の再建を果たした私を賞賛《しょうさん》してくださいますが、決してそうではありません。

「偉大な人物の行動の成功は、行動の手段によるよりも、その心の純粋さによる」というう古代インドのサンスクリット（大昔のインドのことば）の格言があるとお聞きしていますが、ただ混じりけのない私自身の心、純粋な行為に対し、天が憐《あわ》れんで、手助けをしてくださったものと、今三年にわたる再建の日々を振り返り、強く思っております。

それは、まさに本日、皆さんにお話してまいりました、「善きことを思い、善きことをすれば、運命は良き方向に変わっていく」ということを証明する格好《かっこう》の事例であると思います。

皆さんの人生も同じではないでしょうか。自分の力だけではなく、神というべきか、自然というべきか、宇宙というべきか、人智《じんち》（人間の知恵）を超えた偉大な力が支援してくれるような人生を送っていくことが大切です。

それは決して難しいことではありません。すべては、自らの心次第です。今日お話した『陰騭録《いんしつろく》』に描かれた袁了凡《えんりょうぼん》さんのように、できるだけ善きことを思い、善きことを行うこと、また自分の心を、少しでも純粋で美しい心に変えていくことで、自然を味方につけ、人生を素晴らしいものへと好転させることができるのです。

5

人生の目的は魂《たましい》を磨《みが》くこと

人間は本来「真善美」を求めている

今までの八〇年あまりにわたる人生の中で、幾多《いくた》のそうした経験をしてきただけに、自分自身の心を純粋で美しいものに変えていくことが、すばらしい結果を導くとともに、それが人生の目的そのものだと、私は今考えています。

私たちは、自分の意思によってこの世に生を享《う》けたのではありません。物心がつき、気がついてみればこの世で両親の下に生まれました。そして自分の意思とは無関係にこの人生を生き、運命と因果の法則が織りなす人生の布を伝って、こんにちまで生きてきました。
その間、災難にも遭いました。幸運にも恵まれました。それらの試練に出合いながら自分自身の魂を磨き、美しい心、美しい魂をつくり上げていくことが、私たちに与えられた人生の目的ではないかと思うのです。

心を磨くということは、魂を磨くことです。言葉を換《か》えれば、人格《じんかく》を高めることであり、人間性を豊かにしていき、美しい人間性をつくっていくということです。

人間は本来、真善美《しんぜんび》を求めると言います。「真《しん》」とは正しいことであり、「善《ぜん》」とは善きことであり、「美《び》」とは美しいものであり、人間はそのようなものを探求する心を持っています。人間がこの三つを求めているということは、人間という存在自体が真善美という言葉で表現できる美しい魂そのものなのだと言えるのかもしれません。

そして、そのような私たちが本来持つ、愛《あい》と誠《まこと》と調和《ちょうわ》に満ちた美しい心をつくっていくことこそが、私たちがこの人生を生きていく目的ではないかと思うのです。

生まれたときより美しい魂に変わっていなければ生きた価値はない

仏教的な思想では、魂は輪廻転生《りんねてんしょう》していくと考えられています。私の魂が稲盛和夫という肉体を借りてこの現世に姿を現わし、その肉体が滅びると同時に新たな旅立ちを迎え、やがてまた肉体を借りてこの現世へと転生してくる。

そうだとすれば、私たちが生きる七〇年、八〇年という期間は、輪廻転生する魂を磨き上げていく期間なのかもしれません。生まれてきたときに持ってきた自分の魂を、この現世の荒波《あらなみ》のなかで洗い、磨き、少しでも美しいものへと変えていく。そのために人生というものがあるのではないかと思うのです。

死にゆくとき、生まれたときより少しでも美しい魂に、やさしい思いやりに満ちた心を持った魂に変わっていなければ、この現世に生きた価値はない。つまり、人生とは魂《たましい》を磨《みが》き、心を磨く道場なのではないでしょうか。

しかし、そのように考え、心を磨こうと思っても、実際にはなかなかうまくいかないのが人間です。善き思いを抱こうと思っても、「儲《もう》かるかどうか」「自分にとって都合がいいかどうか」ということで、つい行動してしまうのが人間です。そうした悪しき思いが出てきたときに、モグラたたきのようにその悪しき思いを抑《おさ》えていくことが重要です。

そのように、日々反省をすることが、心を磨くためには不可欠なことだと私は考えています。

修行《しゅぎょう》をして素晴らしい悟《さと》りを開いたような人になれればいいのですが、我々凡人が厳しい修行を積み、そのような立派な人格者になるということは難しいことです。

しかし、人格を高めていこう、自分の心、魂を立派なものにしていこうと、繰り返し繰り返し努力をしている、その行為そのものが尊いのです。

つまり自分の心の中に、いつも善き思い、やさしい思いが出てくるように、そしてもし邪《よこしま》（正しくない）な思いが出てきたときは、「こら！」と怒って、それを抑えていく。

それは、毎日毎日、賽《さい》の河原《かわら》で石を積んでも積んでも積み上げられない（亡くなった子供が冥土《めいど》の三途《さんず》の川のほとりで父母をしのんで小石を積んで供養しようとするが、絶えず鬼が現れて積んだ石を崩してしまう。無駄な努力を続けることのたとえ）ようなものかもしれません。

しかし毎日そうした努力を続けていくことが大切だと思います。現世で魂を磨くとは、そういうことだと思います。

我々の人生は我々の心のままにつくられていく

皆さんも、ぜひ人生という道場の中で、善きことを思い、善きことを行うよう努《つと》めていただきたいと思います。

そのことによって、皆さんの魂、心は磨かれていきますし、その美しい心で描いた思いは、人生において必ず成就《じょうじゅ》（なしとげること）していくのです。

繰り返し申し上げます。すべての皆さんが、素晴らしい人生を生きていけるように自然がつくってくれています。

本来、この世の中に、不幸な人はいないはずであり、あってはならないのです。

我々がどういう心構《こころがま》えで、どういう考え方でこの人生を生きていくのかということで人生は決まっていくということを、自然は我々に教えてくれています。

自然が意地悪《いじわる》をして我々の人生を曲げているのではありません。我々の人生は我々の心のままにつくられていくのです。

今日は皆さんと一期一会《いちごいちえ》（一生に一度しか会う機会がないような、ふしぎな縁）でお目にかかりました。

皆さんの人生がどうぞ素晴らしい人生であるように、そしてこの現世から別れるとき、たとえ、恵まれた人生ではなかったとしても、「自分の人生は良かった。私にとってこの人生は、魂を磨くことができた、素晴らしい人生であった」と思えるような生き方をしていただくようお願いをいたしまして、説教がましいお話を終えたいと思います。

本日は、たくさんの方々にご参集《さんしゅう》をたまわり、誠にありがとうございました。どうぞ皆さんの人生が、さらに素晴らしいものになりますことを、心より祈念《きねん》申し上げ、講演の結びとさせていただきます。

ありがとうございました。

第2部

稲盛和夫先生への手紙――郡山ザベリオ学園小学校

（福島県郡山市）

運命を決めるのは
自分だということに気づきました。

小学校5年　安達　柊

ぼくは、今日のお話で、人はそれぞれ運命があるけど、運命を決めるのは自分だということに気づきました。良いことを思い、良いことをすると、良いことが起こります。良い原因は良い結果を生み、悪い原いんは、悪い結果を生む。これは、当たり前のことです。だけど、実行するのは、とってもむずかしいことだと思います。

ぼくは、牛乳係というとても大変な仕事を任されています。毎日、バケツをくみに行き、毎日、水を捨てに行く。

これが一番大変な仕事です。しかし、この仕事をやらなければどうなるか、ということをつねに考えて行っています。この前まで、できていなかったストローの後しまつも最近では、みんなやってくれるようになりました。これも、いろんな人が「協力」してくれるからだと思います。

なので、これからも、良いことを思い、良いことをして、いろんな意味での「縁の下の力持ち」としてがんばって生きていきたいと思います。

私は、経営の神様とよばれている稲盛先生は、こういう意味を皆に知ってほしかったのだとわかりました。

小学校5年　阿部　千穂

私が今回先生のお話を聞いて、一番心に残ったことは、「善いことを思い、善いことを行えば、人生はよい方向へいき、悪いことを思い、悪いことを行えば人生は悪い方向へいく」ということです。私は「良い」ではなく、なぜ「善い」にしているのか不思議に思い、辞書で調べてみました。すると、「良い」の意味は「他よりまさっている」で、「善い」の意味は「道理にかなっている」つまり「筋道に合っている」という意味です。私は、経営の神様とよばれている稲盛先生は、こういう意味を皆に知ってほしかったのだとわかりました。そして、これからの人生、善いことを思い善い行いをして、心をみがいていこうと思いました。また、将来稲盛先生のように人々のためにいろいろなことを成功させていきたいと思いました。

研究に没とうし研究室に泊まりこみ、ご飯はお米と味そ汁だったそうですが、そのとき、夜中等におなかはすかなかったんですか。

小学校５年　**井上　拓海**

先生、ありがとうございました。

僕が一番印象に残ったのは、「よいことを思い、よいことを実行すれば運命はよい方へと変わる、しかし、悪いことを思い、悪いことを実行すれば、運命は悪い方へと変わる」というのが残りました。研究に没とうし研究室に泊まりこみ、ご飯はお米と味そ汁だったそうですが、そのとき、夜中等におなかはすかなかったんですか。それに昼も夜も研究に没とうしていて、幸せすら抱いたと言っていたので、とても研究が楽しかったんだとこの言葉で分かりました。そして、会社に入ったがボロ会社で、ボロ会社を良い会社にし、助けたかったと言っていたのでよっぽど会社が好きだったと伝わってきました。そして、「真善美」（真…正しいこと・善…善きこと・美…美しいこと）はすごい言葉だと思います。

本当にありがとうございます。

「これから、試練にどのように対応するかによって、これからの人生は、かわる」この言葉が、今一番、心に残っています。

小学校５年　佐藤　妃華

私は、7月2日（火）に、稲盛先生のお話をきいてきました。「人は、何のために生きるのか」というテーマで、授業のようなかんじで学んできました。人生のお話、宇宙のお話、神のお話、などをききました。メモをした中で一番、心に残っている言葉は、「今、だめな人間だとしても、これから、試練にどのようにして対応するかによって、これからの人生は、かわる」。この言葉が、今一番心に残っています。およそ3年前におきた東日本大震災。私たちは、とてもいやな思いをしました。私が2年生の時です。その時は、なにがおきているのか、何も分からなかったです。でも、つなみでながされてしまった人々。今回の講演会で、すっきりしたことも少しあります。先生は81さいですが、これからも、いろんなところで、活やくしていって、みんなを助けてあげてください！　応えんしています。

これから大震災のようなことがあったら、この話を思い出して、希望を見い出していきたいと思いました。

小学校5年　**佐藤　李久**

人は、何のために生きるのかが分り、とてもいい5、6時間目でした。あまりこんないい体験はできないので、とても貴重な時間でした。

また、大震災や、原発被災のことも、話してもらえました。

これから大震災のようなことがあったら、この話を思い出して、希望を見い出していきたいと思いました。

話の中では、こんな文もありました。

「よきことを思い、よきことを行えば運命は、よい方向へいく。わるいことを思い、わるいことを行えば運命は、わるいほうこうへいく。」ぼくは、本当にそうだ、と思います。なので、またこのような話を聞ける時間があったらまた行き、その話を聞きたいです。

私もよいことをおもい、よいことを行って心をみがいていきたいです。

小学校5年　佐藤　莉珠夢

私が稲盛和夫さんの講えん会、「人は何のために生きるのか」を聞いて感じたことは、「よいことをおもい、よいことを行うと心はみがかれる」ということです。稲盛和夫さんは、このことを、講えん会でたくさん言っていたので、稲盛和夫さんが一番伝えたいことなんだと思いました。「人生の目的は心をみがくこと」なので、私も、よいことをおもい、よいことを行って、心をみがいていきたいです。それと、稲盛和夫さんは、とってもいい人だということがわかりました。なぜかというと、「企業はかぶぬしのためでなく、そこにつどう全社員の幸福のために、そこに存在する。」と、言っていました。私も、そんなことが言えるいい人になれたらいいです。

私は自分が育ったひ災地である福島県で、人の役に立てる仕事ができるように、前向きに明るく努力していきたいと思いました。

小学校5年　**鈴木　文芽**

7月2日にビックパレット福島に行きました。そこで、稲盛和夫さんの講えん会で「人は何のために生きるのか」について聞いてきました。

私が一番心に残った言葉は、「災なんや幸運を神があたえた試練として受けとめて、前向きにひたすらに明るく、努力を続けていく」です。

この言葉を聞き、私は自分が育ったひ災地である福島県で人の役に立てる仕事ができるように、これから、前向きに明るく、努力していきたいと思いました。

少しむずかしい話でしたが、とてもよい話が聞け、とてもよい経験になりました。

最も心に残っていることはくりかえし言っていた言葉「よいことを思い、よいことを行えば、運命はよい方向へと変わる」です。

小学校５年　滝口　明日歌

私が、今回の講演会で最も心に残っていることは、お話してくださった稲盛和夫先生が、くりかえし何度も言っていた言葉「よいことを思い、よいことを行えば、運命はよい方向へと変わる」です。

学校生活の中でも、「テストでよい結果がだせた」や、「友だちと仲直りができた」などのうれしいできごとがあります。しかし、なかには「友だちが転校してしまった」という悲しいできごともあります。その悲しみを乗りこえ、みんなが「よい運命」へ向かえることができるといいです。

また、私は、稲盛先生が力強く、熱心に話すのを見て、言葉に感動し、思ったことがあります。それは、稲盛先生が強い意志を持っているということです。今回の講演会を通して、稲盛先生は、他の人のことまで考えられるようなすばらしい人であり、やさしい人だと思いました。

これからは、稲盛先生のように心を強くして生活し、勉強にはげんでいきたいです。

苦しみのさきになにがあるのかは、何度も考えたことがあります。ぼくがだしたこたえは、幸せがあると思います。

小学校５年　**塚越　翔梧**

今日は、はるばる京都から来ていただきありがとうございます。

この講演会のテーマは

「人は何のために生きるのか」ということで、大震災・原発被災の苦しみをのりこえて、がサブタイトルでした。

ぼくは、このことについて深く考えたことはありませんが、苦しみのさきになにがあるのかは、何度も考えたことがあります。ぼくがだしたこたえは、幸せがあると思います。

ＪＡＬの再生をものすごいスピードでやりとげたのは、ものすごいことだと思いました。

ぼくは、たくさんお手伝いをして、運命を変えたいです。ぼくにも「意志」があるので頑張ります。

小学校5年　横山　健

今日、稲盛和夫さんの講演会に行き、お話を聞きました。

稲盛先生によると、「良いことを思い、その良いことを行動にうつすと、運命が変わるかもしれない」とおっしゃり、ぼくは、おこられている運命を変えたいので、その言葉を聞き、ぼくも、良いことを思い、良いことを行動にうつすようにしたいです。

稲盛先生は、すごい実力者で、KDDIを設りつさせ、JALを再建させた偉い人です。そんな人の話を聞くことができて、本当に感謝しています。稲盛先生の言っていることはちょっとむずかしくて、分からないこともありましたが、いっぱいお話を聞けて楽しかったです。

ぼくは、たくさんお手伝いをして、運命を変えたいです。ぼくにも「意志」があるので頑張ります。

命は本当に大切な物だということが心の底から、感じることができました。

小学校5年　薄井　栞

私は、稲盛和夫先生のお話を聞いて、命は本当に大切な物だということが新たに心の底から、感じることができました。

命は、お金では買うことができないし、命は一つきりの大切な宝物です。だから私も人にやさしくしたり人がやられたらきずつく事はまちがっても実行したくないです。

もしも私がそのまちがった事をしたら、すぐにあやまりたいです。もし人がいやな事をされていたらすぐにその人を救ってあげたいし楽にさせてあげたいです。

私は、もしも人をたすけるボランティアがあったら、フローレンス=ナイチンゲールのように勇気をもって人を元気づけてあげたいです。

今日は、とてもすばらしいお話を聞かせてくれてありがとうございました。

和夫先生の話を聞き、ぼくは、「あきらめずに、前向きに努力し、これからの人生を生きて行こう」と思いました。

小学校5年　**大橋　魁**

「ぼくにとって、運命とはなにか」

和夫先生からは、そんなことを、ぼくは学びました。和夫先生は、「宇宙のたん生、愛」、そして、「運命と立命」など、いろんなことを学びました。その中でも、一番心に残った言葉は、「善きことを思い、善きことを行えば、運命は良い方向へと変わり、悪いことを思い、悪いことを行えば、運命は悪い方向に変わる」という言葉でした。ぼくは、悪い方向に進んでいたような感じでしたが、これから良い方に進もうと思いました。

そして、講演会の中で「努力し続ける」と言って下さいましたね。ぼくは今まで、努力できず、あきらめてしまい、と中でやめてしまっていました。でも、和夫先生の話を聞き、ぼくは、「あきらめずに、前向きに努力し、これからの人生を生きて行こう」と思いました。

「東日本大震災」があり、つらいことがあったけど、いろんな人がつらいのをうけとめているので心から「そうだなぁ」と思いました。

小学校5年　**佐藤　ひなた**

私が、稲盛和夫先生の話を聞いて、一番印象に残った話は、「いいことを思い、いいことを行えば、人生はよいほうこうへ、わるいことを思い、わるいことを行えば、人生はわるいほうこうへ変わってしまう」という話です。でも「わるいことを思い、わるいことをしても、すぐにわるい結果はでない、そしてよいことを思い、よいことをしても、よい結果もすぐにはでない」ということも分かりました。私も、この話をきいて、たしかにそうだなぁと思いました。

もう一つ印象に残った話があります。それは、「さいなんや幸運を神があたえた試練とうけとめて、前向きにひたすら努力を続けていく」という話です。

たしかに「東日本大震災」があり、つらいことがあったけど、いろんな人がつらいのをうけとめているので心から「そうだなぁ」と思いました。

私は、今日学んだことを学校生活にいかしたいです。

本当にありがとうございました。

しんさいにあって、つらいことがいろいろあったけど、どんなときも前向きに生きていけば、もとの美しい福島にもどることができると、勇気をもらいました。

小学校5年　**髙橋　ひより**

「人は何のために生きるのか」という内容で、稲盛和夫先生にお話を聞いて、一番心に残ったことは、「よいことを思い、よいことをじっこうすれば、よい方向へと進む。」ということです。

やはり、よいことをすれば、運命もよい方向へ進むということがお話を聞いてよく分かりました。

しんさいにあって、つらいことがいろいろあったけど、お話を聞いて、どんなときも前向きに生きていけば、もとの美しい福島にもどることができると、勇気をもらいました。

稲盛和夫先生、わざわざ福島にいらしゃってくださって本当にありがとうございました。

幸運が試練だなんて、ふつう思いません。初めて私たちの頭と心に、そういう認識をあたえてくれたことに感謝しています。

小学校５年　**竹越　愛純**

今日は講演会にいくことができ、いろんなお話をきくことができて、とてもよい経験をすることができました。

「人は何のために生きるのか」、私はそんなことは、考えたこともありませんでした。けど稲盛先生のお話をきいて、考えがふかまりました。「善いことを思い、善いことを行えば、運命は、よい方向へ変わる。悪いことを思い、悪いことを行えば、運命はわるい方向へ変わる」、そしてこれが、「運命と因果の法則」だと、先生はおっしゃっていました。自分の人生が、どのような方向にいくのかはわかりませんが、善いことをすれば、運命はよい方向へいくと信じ、善い行いをして人の役に立てるようになりたいと思いました。

「さいなんや幸運を、神が与えた試練として受け止め、前向きに、ひたすら明るく努力しつづける」私が今日いちばん心に残ったのがこの言葉です。幸運が試練だなんて、ふつう思いません。それを稲盛先生が、初めて私たちの頭と心に、そういう認識をあたえてくれたことに感謝しています。

「人生の目的は心をみがくこと」。今日の、先生のすべての言葉をわすれずに、広く、おおらかな心をもつ人になりたいと思いました。

「私はなんのために生きて、人生を送っているのだろう」と疑問に感じていました。そして、今回の講演会で答えが分かりました。

小学校5年　**千葉　春菜**

今回の講演会をきいていて、すごくいい話ばかりなんですが、一番よく、印象に残った言葉は、「人生の目的は心をみがくこと」という言葉です。

私は、前から「私はなんのために生きて、人生を送っているのだろう」と疑問に感じていました。そして、今回の講演会で答えが分かりました。答えは、先生自身の言葉から分かりました。

これからも、生きている意味などを感じながら、楽しい人生を送りたいです。そして、私が5年代表で、花束を渡すときに、えがおで花束を受け取ってくれてありがとうございました。これからのご活やくも期待しています。

東日本大しんさいでなくなった子どもや大人の分まで生きて、なくなった子どもの分まで勉強したいと思いました。

小学校5年　**七海　幸太郎**

ぼくは初めて講演会というものに参加しました。

運命と因果の法則などは少しぼくたちにはむずかしかったけど、聞いていたら自分のためになる事や、この先、生きていく中で役に立つ話ばかりでした。「人生の目的は心をみがくこと」と言っていたようにぼくも「良き原因は良い結果になる」という言葉のように良い行いをしていきたいと思い、東日本大しんさいでなくなった子どもや大人の分まで生きて、なくなった子どもの分まで勉強したいと思いました。そして自分はしんさいでたすかったからこの1日1日を大切に生きていきたいです。

ありがとうございました。

まるで、和夫さんの伝記を読んでいるようでした。いろんなことをのりこえて今があると思います。

小学校5年　**長谷川　深織**

私は稲盛先生の話を聞いて、人生の大切さについて学びました。やること一つで人生がかわってしまうこと。よいことをすれば人生が好転すること。うんめいと因果のほうそく。いろいろなことを神が与えた試練として、受けとめ、せいいっぱい努力すること。

宇宙にはすべてのものをやさしくよい方向へ育てるあいがじゅうまんしているようないつくしみ、あるいは「意思」があるといってもよい。

企業は、かぶ主やけいえい者自しんの私利私よくのためではなく、全社員のためにある。「い大な人の行動の成功は、手だんによるよりも、その心のじゅんすいさによる。」「しんぜんび」の正しく、きよく、美しく。そして、人生の目的は心をみがくこと。

私は人の心を考える、会長であり、こ問であり、じゅく長だと思いました。まるで、稲盛さんの伝記を読んでいるようでした。いろんなことをのりこえて今があると思います。これから私もせいいっぱい努力したいです。

これからどんな災難があっても強い「意志」をもち、試練へ感謝し、のりこえていきたいです。

小学校5年　**山﨑　竣介**

稲盛和夫先生へ

今回は、すばらしい講演を聞かせてくださり、ありがとうございました。自分の体験をもとにした考えが、すばらしかったです。ぼくは、一人一人に運命があると思います。でも、運命は変えられるとも思ってます。稲盛先生の講演を聞いてあらためて思いました。宇宙の話で考えたことは、宇宙は素粒子がつながっていってできたのだと考えました。

ぼくはこれから、稲盛先生が言った、「よきことを思いよきことを行えば人生は好転する」を心にとどめ、これからどんな災難があっても強い「意志」をもち、試練へ感謝し、のりこえていきたいです。そしてこれからの人生で心を磨きつづけ、自然とは人生がすばらしいものにするためにあるということを理解したいです。ぼくも稲盛先生のような業界のトップに立つような人になりたいです。今回は本当にありがとうございました。

この講演で生きるということは大切だと思いました。これからもちゃんと生きていこうと思いました。

小学校6年　関口　碧

私は、今回の講演で一番心に残ったのは、「真善美」です。真は、正しいこと、善は、善きこと、美は、美しいものという意味がとてもよいと、思いました。

あと、「人生の目的は心を磨くこと」というのが、すごくいいと思いました。これからも心を磨こうと思いました。この講演で生きるということは大切だと思いました。これからもちゃんと生きていこうと思いました。

あと、これからの人生をがんばっていこうと思いました。とてもよい勉強になりました。とても貴ちょうな体験でした。他の講演も行きたいと思いました。

苦しみの後には、喜びが、たくさん待っているんだ！ということを強く感じました。

小学校6年　名原　蒼生

私は、稲盛先生のお話の中で、一番心に残ったのは「人の運命」についてです。

良いことをすれば、良い運命に、悪いことをすれば悪い運命にと、進んでいくことが、分かりました。私はもちろん良い運命へと進んでいきたいので、人のためにも、自分のためにも、良いことをたくさんしていきたいと思います。

また、苦しみの後には、喜びが、たくさん待っているんだ！ということを強く感じました。

3月11日に起こった東日本大震災での原発事故を乗りこえられるように、友達や家族といった人たちと一緒に、協力していきたいと思います。復興についてもう一度考え直すことができたので嬉しかったです。

今回は「福島県」に来ていただき、本当にありがとうございました。

この深い話をきき、私は、これからの人生は、もし、つらくて悲しくても神様がくれた試練だと受けとめて努力していこうと思いました。

小学校6年　**二瓶　優加**

私は、稲盛和夫先生の人生について、人は、何のために生きるのかを聞いて、深いなぁとか、そのとおりだと思いました。そのとおりだと思い共感したのは、この言葉です。

「災なんや幸運を神があたえた、試練としてうけとめて、前向きにひたすら明るく努力をつなげていく」や「良いことを思い、良いことを実こうすれば人生はよい方へすすんでいく、悪いことを思い悪いことを実こうすれば、人生は悪い方へ進んでいく」などです。

この深い話をきき、私は、これからの人生は、もし、つらくて悲しくても神様があたえてくれた試練だと受けとめて努力していこうと思いました。

また、良いことをたくさんしようと心にきめました。

今回は、本当に、ありがとうございました。

とてもタメになる話をありがとうございました!!

ぼくがすごいとおもったところは、宇宙は、もともとは小さかったがビックバンでとても大きくなり地球ができたということです。

小学校6年　**古山　彩人**

ぼくは、稲盛和夫さんの話をきき、すごいなぁとおもいました。ぼくがすごいとおもったところは、宇宙は、もともとは小さかったがビックバンでとても大きくなり地球ができたということです。そのときぼくは宇宙はすごいなぁと思いました。

次にぼくがすごいなぁとおもったのは、たくさんのげんしやげんそがあることです。その数はなんと100種以上のげんしやげんそがありすごいなぁと思いました。最後に一番すごいなぁとおもったのは、人間は、銀河けいの法則を信じているということです。銀河はよい方向へとそだてていくような強い「意志」があるからです。宇宙にしたがうということは、運命にしたがうという意味だとおもいます。だから人生の目的は心をみがくことというところがすごいなぁとおもいました。

この大震災、原発被害の苦しみを乗り越えてふっこうへのバネにしたいです。

小学校6年　**増子　三寿々**

今日、稲盛和夫さんの講演会があった。そこでは「人は何のために生きるのか」と言うことについて稲盛和夫さんの話をきいた。とても長いはなしだったが、どれも自分やほかの人にやくだつことばかりで自分のためになった。

あと、81歳で講演会をしてくれてすごいがんばってるなと思いました。また、今回の話は忘れないでいたいです。

また、この大震災・原発被害の苦しみを乗り越えてふっこうへのバネにしたいです。

なるべく悪く考えずに善い考えをもちつづければ、ぼくも人生の好転ができると思った。

小学校6年　**三浦　英太郎**

僕がこの講演会の話を聞いた時に一番に心にのこったのは「善きことを思い　善きことを行なえば　人生は好転する」という文です。

なぜ、僕はこの文が一番心にのこったかというと、どんなつらいことやくやしいことがあっても悪い方向へは行かず、善い方向へと思いや行動にあらわしていけば人生は好転するという意味だと分かったら、完全には無理だと思うけどなるべく悪く考えずに善い考えをもちつづければ、ぼくも人生の好転ができると思ったからです。

この話を聞いて最後に思ったことは、まとめの「人生の目的は心をみがくこと」を自分なりに難しそうだけどがんばります。

今日は本当にありがとうございました。

先生は2010年にピンチだったJALを今のように回復させたことが何よりもすごいことだと思いました。

小学校６年　村上　悠太郎

今日、僕は、稲盛和夫先生の「人は何のために生きるのか」という講演会をききにビックパレットへ行きました。

京セラ名よ会長、KDDI最高こもん、日本航空（JAL）の取しまり役会長と、大手企業の会長を何度もつとめている稲盛先生も昔（若いころ）は戦後ということもありますが、今にもつぶれてしまいそうな会社にしゅうしょくしました。

でも先生が言ってくれたのは夢は努力をすれば叶うと言う言葉がとても心に残りました。

そして先生は2010年にピンチだったJALを今のように回復させたことが何よりもすごいことだと思いました。

私は、一生、といっていいぐらい心に残った言葉が二つあります。

小学校6年　**柳橋　明佳**

7／2(火)（今日）の稲盛先生の講演会では、私は、一生、といっていいぐらい心に残った言葉が二つあります。

一つめは、「人生の目的は心をみがくこと」という言葉です。私が講演会でこの言葉を聞いて個人的に思ったその意味は、「年れいをつみ重ねるにつれ、ついていく心のよごれを、残りの人生、死ぬ日までキレイにしていくこと」ということだと思いました。

二つめは、「善いことを考え、善いことを実行すれば運命は善い方向へと向かう。悪いことを考え、悪いことを実行すれば運命は悪い方向へと向かう」という言葉です。この言葉を会で聞いた時、私は、「将来、こうならないようにするためにも、今からしっかりと善い、悪いを判断して善いことを実行しよう」と思いました。

稲盛先生、良いお話を聞かせていただき、ありがとうございました。

一番心に響いた言葉は、「宇宙にはすべてのものを慈しみ、やさしく育てていく愛が充満している」と「人生の目的は、心を磨くこと」。

小学校6年　**吉仲　咲希**

私は今回の講演をきいて、分かったことや思ったことがたくさんありました。善いことを思えば善くなれるし、悪いことを思ったりしていたら、悪くなることがまず分かりました。私はこの言葉を聞いて、たくさん善いことを実行しようと思いました。そして、災難や幸運を神様が与えて下さった試練として受けとめて、前向きにひたすら明るく努力をしていけたらいいです。又、クラスや家族などのために努力していけたらいいと思いました。

そして、私が一番心に響いた言葉は、「宇宙にはすべてのものを慈しみ、やさしく育てていく愛が充満している。宇宙にはそういう『意志』がある」というのと、「人生の目的は、心を磨くこと」という言葉です。どちらも、とてもいい、心にさささる言葉だなと思いました。

稲盛和夫先生のお話を聞けて、本当に良かったです。

〜ありがとうございました〜

稲盛さんは学生の時も苦労してまた、大人になってもたくさんのことにはげんでいるんだと思いました。

小学校6年　薄井　瑞葵

今日の講演会は「人は何のために生きるのか」についてでした。私が講演を聞いて思ったことは、稲盛さんは学生の時も苦労してまた、大人になってもたくさんのことにはげんでいるんだと思いました。あと、稲盛さんの話は、聞きやすく分かりやすくてとてもいいと思いました。それは、たとえがとても分かりやすいことです。「1+1=2」のようにすぐに良いほうこうに行くわけではないなどといった説明が分かりやすかったからです。

稲盛さんは、人生についての見方もすごい人だと思いました。人にはいろいろな考え方・見方がありますが、稲盛さんは、試練は、災難でもありラッキーでもあると言っていましたが、その後の稲盛さんの説明でもっとよく分かったことは、「災難や幸運を神が与えた試練としてうけとめる」ということです。私はその言葉を聞きさらに稲盛さんの言いたいことがよく分かりました。

宗教の時間でも「どんな試練でも神様が与えてくださった

試練だと思い、のりこえなさい」という言葉を聞いたことがあります。

　私は、稲盛さんと全く同じ生き方をするのは無理だけど、稲盛さんのような心や人生の見方をできるような人になりたいです。

今回の、講演会で、この答えがわかったので心のモヤモヤが消えました！　とてもいい話だったと思います。

小学校6年　**日下部　早里**

今日、福島県のビックパレットで、「稲盛和夫さん」による、講演会が行われました。私は、この「人は何のために生きるのか」という題名の疑問を一度考えたことがあります。けど、その結果、答えは見えませんでした。この今回の、講演会で答えが見えたと思います。この答えがわかったので心のモヤモヤが消えました！　とてもいい話だったと思います。その話の中でも一番良かったのは、「災難や幸運を神が与えた。試練としてうけとめ、前向きにひたすら明るくする」という言葉が私の心の中に残っています。

私は稲盛和夫さんが言っていた話は全部そのとおりだと思います。また何かの会があったらいろんな人の話を聞いて、役にたてるようにしたいです。

稲盛和夫さん、とても良い講演をありがとうございました。

しょうらい役にたてようと思います。

これから良い人生、運命にするために、家族、友達、先生などの方々に、たくさんのよいことをするようにしたいと思いました。

小学校6年　熊田　菜奈子

これからの人生に役に立つようなお話をたくさんして下さって、本当にありがとうございました。

私は、これからいろいろな良いことをしようと、稲盛先生のお話を聞いて思いました。先生が、いいことを思い、いいことを行えば、運命はいい方向に、悪いことを思い、悪いことを行えば、運命は悪い方に向いていく。ということを聞いて、これから良い人生、運命にするために、家族、友達、先生などの方々に、たくさんのよいことをするようにしたいと思いました。私たちのために、たくさんのお話をしてくれてありがとうございました。

「企業とはかぶ主のためにあるのではなく、自分自身の私利私欲のためではなく、社員のため」という言葉は、すごく感心しました。

小学校6年　**佐藤　歩**

ぼくは、稲盛先生の講演でこれからよいことをしていきたいと思いました。人によいことをするといつか自分にもよい行いをしたこと以上に、よいことが自分に返ってきたり人生が良くなるということを今回の講演でわかりました。

ぼくが一番すごいと思ったのがJALの再生を短い時間で実現できたということでぼくには不可能だと思います。

先生がおっしゃっていた「企業とはかぶ主のためにあるのではなく、自分自身の私利私欲のためではなく、社員のため」という言葉は、ぼくは、すごく感心しました。今の世の中の会社はリストラなどでそれが実現できない会社もあります。

ですが、ぼくは先生がおっしゃっていた言葉が世界中で実現できることを願っています。

みんなのために努力をして、がんばりたいです!!
神様や自然からの試練を感謝の気持ちで受けとめたいです。

小学校6年　**鈴木　夕里菜**

7月2日は、ありがとうございました。今回の講演をきいて、分かったことがたくさんありました。善いことを思えば善くなれるし、悪いことを思ったりしていたら、悪くなることがまず分かりました。私は、善いことを実行しようと思いました。

災難や幸運を神様が与えて下さった試練として受けとめて、前向きにひたすら明るく努力をしていけたらいいなと思っています。そして、みんなのために努力をして、がんばりたいです!!

神様や自然からの試練を感謝の気持ちで受けとめたいです。

本当に
　ありがとうございました!!

先生のおかげで希望の光がさしてきました。先生の話にとても感動してしまいました。

小学校6年　滝田　圭佑

先生はおっしゃいました。

なにもかもがそのとおりです。実は、学校などのことでぼくは、何のために生きているのだろうと思ったことがありました。また善きことを思い善きことを行えば、運命はよい方向へ向かってしまう。悪いことを思い悪いことを行えば、悪い方向へと向かってしまう。

ぼくも今まで、悪い方向へといってしまったのかもしれません。でも、先生のおかげで希望の光がさしてきました。先生の話にとても感動してしまいました。

これからは、善いことを行い善いことを思うことにします。

わざわざ京都からありがとうございました。

私は、今日話を聞いていろいろなこわいことを思い出してしまいましたが、私たちがこれからどのように生活していけばいいのかがよく分かりました。

小学校6年　古川　夏帆

今日は、ビックパレットで約2時間、和夫先生から「人は、何のために生きるのか」ということについて話を聞きました。

2011年3月11日、午後2時46分に東日本大震災がおこりました。その地しんを私は、授業中けいけんしました。

私は、今日話を聞いていろいろなこわいことを思い出してしまいましたが、私たちがこれからどのように生活していけばいいのかがよく分かりました。

今日聞いたことをしっかりと頭に入れて生活していきたいです。

先生は、なんか福島県をかばってくれているような気がしました。だから、僕は和夫先生は、優しい人だと思いました。

小学校6年　**宮川　龍ノ助**

和夫先生の話を聞いて、僕はこれからの人生について、考えました。理由は、これからの人生の時に役立つ話を、和夫先生がたくさん話してくれたからです。

僕の和夫先生の第一印象は「優しい人」でしたが、それがみごと的中しました。和夫先生は、僕達のために、京都から郡山に来てくれたので、僕は和夫先生は優しい人だと思いました。しかも、先生は、なんか福島県をかばってくれているような気がしました。だから、僕は和夫先生は、優しい人だと思いました。

もし、また機会があれば、郡山に来て、また先生の話を聞かせてください。

いろいろな会社を作るのはすごいことだと思いました。人のために役立てられている所もすごいです。私もそのようになりたいです!!

小学校6年　**柳田　紗希**

ビックパレットふくしまで行われた、公開フォーラムの講演会で、聞いた話で難しい話もありましたが、人とは何のために生きるかが分かった気がします。

真善美の真……ただしいこと 善……よいこと 美……美しいことが、心に残りました。真のただしいを目標・決まりのように思えました。どんなことも神様からの試練だと思いがんばっていきたいです。

いろいろな会社を作るのはすごいことだと思いました。

人のために役立てられている所もすごいです。

私もそのようになりたいです!!　今日、聞いた話は、社会勉強にとても役立ちました。

京都からわざわざここまで来てくださってありがとうございました。

**感謝とは、和夫先生は、美しい心だと語ったと思います。
私も、これから広い心で人とせっすることができればと思います。**

小学校6年　**渡部　姫采**

こんにちは。私が、この「人は何のために生きるのか」で感じたことは、"人の感謝" について、また学べたということです。私は、この最後の小学校生活で、あまり感謝を思い出さなかったと思います。

感謝とは、私は "ありがとう" だけの気持ちだと思っていましたが、和夫先生は、美しい心だと語ったと思います。私も、これから広い心で人とせっすることができればと思います。

運命は、悪いことをしたら、やり直せず、良いことをしたらまた一歩進めると思います。

和夫先生の話を最後まで聞いて嬉しい気持ちでいっぱいです。和夫先生が、話してくれたことを生かして道を歩んでいきたいです！

この講演を通して感じ・思い・考えたことを胸にあゆみを進めていってくれることを願っています

郡山ザベリオ学園　小学校教諭　**木村　淳**

私は小学六年生児童の引率としてこの講演会に参加させて頂きました。個人的に稲盛先生の著書『生き方』を拝読していた私は、先生の講演会のお話を頂いた時、ぜひともこの子どもたちに先生の講演を聞かせたいと思いました。

正直、小学生にはやや難しいのでは……といった思いがなかったわけではありません。しかし、講演後の子どもたちの感想を読んでいくうちに、私のそのような心配は全くの杞憂だったことがわかりました。

子どもたちの感想から伝わってくる「未来への希望・逞しさ・力強さ」に圧倒されると同時に、うれしさがこみ上げてきたことを思い出します。

この講演会の約一年半前、子どもたちが当時四年生だった時に、あの東日本大震災は起こりました。

原発の放射線被害により外での活動が制限されたり、多くの友達が県外へ避難していったりと、辛い経験をしてきた子どもたちです（稲盛先生のお言葉をお借りすれば、それは私たちの運命であり神がお与えになった試練なのかもしれません）。

そんな子どもたちが稲盛先生のお話を聞き、子どもなりに何かを感じとり感想を残してくれたことは、先生のお話がいかに子どもたちの心に響くものであったかを物語っていると思います。

本校は昨年で創立八〇周年を迎えました。創立から一貫してカトリックの教えに基づいた「心の教育」を大切にしています。

教育に携わる一人の人間として、これからも自身の魂を磨き、心を磨きながら「未来を創造していく子どもたちの心の教育」に力を注いでいきたいと思います。

子どもたちが、この講演を通して感じ・思い・考えたことを胸に、未来へ向かって一歩一歩あゆみを進めていってくれることを願っています。

稲盛和夫先生、ありがとうございました。

第3部

稲盛和夫講演会に参加して――郡山ザベリオ学園中学校

（福島県郡山市）

「これからくる災難や、幸運を、全て神からの試練と考え、なにがあっても前向きに進め」は僕の心に一番つきささった言葉です。

中学校1年　浅野　ジーノ

稲盛和夫さんの講演会で言った言葉は、全て僕の心につきささるものばかりでした。例を紹介すると、

「自分の欲望は、全て叶えろ!」や、

「もうだめだ……と思った時こそ仕事しろ!」などがあります。

「因果の法則」で、人生を好転させることができるという、とても前向きなしせい、はとても好きです。

「これからくる災難や、幸運を、全て神からの試練と考え、なにがあっても前向きに進め」は僕の心に一番つきささった言葉です。


僕の人生が、良い方向か悪い方向か、知るよしもありませんが、これからの人生を好転させてみせます。

「美しい心で描いた思いは、きっとすばらしいものになる」に感動し、今日の学びを大切にしたいと思いました。

中学校1年　安部　乃愛

今回の講演会のテーマは、「人は何のために生きるのか」でした。来て下さった稲盛和夫先生は、中国の陰騭録が簡単に書かれている、安岡正篤さんの「運命と立命」を読んで、「運命と因果の法則」を感じることができたことや、良いことを思い、行うと、運命は良い方向へ変えることができ、逆に、悪いことを思い、行うと、運命は悪い方向へ変わってしまうということをお話しして下さいました。

その中で、私が心に残ったことは、「因果の法則は、なぜあまり人に伝えられていないか」や、「真（正しいこと）善（よいこと）美（うつくしいこと）」です。特に、「因果の法則は、なぜあまり人に伝えられていないか」の「良いことをしても、1+1=2のように、簡単には良いことが帰ってこないが、1カ月後、1年後…には必ず良いことが帰ってくる」という言葉が、これから生活していく中で心にとめておきたいと思いました。

そして私は、最後の、「美しい心で描いた思いは、きっとすばらしいものになる」に感動し、今日の学びを大切にしたいと思いました。

今自分がしなければいけないことは、人のために何かをすることだと思います。

中学校1年　斧田　千明

私は今回の稲盛さんの話をきき、私は「信じる」ということができているのか、「自分は今何をすべきなのか」考えを深めることができました。

私は勉強でも結果がでないものはすぐに諦めたりしてしまうことが多くあるので、今日の話を機に、結果をだすことができなかったとしても最後までがんばりたいと思いました。

そして、今自分がしなければいけないことは、人のために何かをすることだと思います。

私は、私のために何かをしてもらうことはたくさんありますが、自分は人のために何かしているかとふり返るとあまりしていません。

これからは善い行いをし、将来の自分のためにも人のためになることをしようと思います。

私は今回のことをけっしてわすれずに、自分の人生を大切にして、むりと言われてもやりとげる人生をおくりたいと思います。

中学校1年　**菊地　えみ**

今回、私は稲盛さんの講演を聞いて「私ってなんなんだろう？」と思いました。私は良いことをして良い人生をあゆんでいるのでしょうか。それを知っているのは自分だけです。

だれがなんといおうと自分のいしをつらぬいて、自分のやりたいことをして自由に生きるのが人生だと思います。

よく「人は幸せになるために生きている」という言葉をききます。私もそうだと思っていました。でも、今回で私のその考えはなくなりました。人は幸せになるためでも、きめられた人生をおくるためでもなく、自分のために、生きているのだと思います。そして「自分の人生はなんだろう？」と考えたときに私は困っている人をたすけ、そして困っている時にたすけてもらう、そうしてつながって一つになっているけれど、自由に生きるのが自分の人生だと思います。そしてこれからそうしていきたいおてほんのような人生だと思います。

私は今回のことをけっしてわすれずに、自分の人生を大切にして、むりと言われてもやりとげる人生をおくりたいと思います。

自分の運命は自分で決められることを知って これから変えてみようと思いました。

中学校１年　菊地　真優

稲盛さんの講演会で主に私が学んだことは2つあります。まず1つ目が「善い事を思い善い事を実行すれば善い運命をむかえる事が出来る」です。稲盛さんも最初は会社が赤字で大変でしたが、これを意識して仕事に取り組んだら、大繁盛したそうです。私もこのことを胸にとめ、生活していきたいです。

二つ目は「人生は心を磨く道場」ということです。私は人生についてそんなに考えたことはありませんでした。なのでこの講演会が人生について考えるきっかけとなりました。人生というのは、私は運命で決められていることだと思っていました。ですが自分の運命は自分で決められることを知って、これから変えてみようと思いました。

このようなことを考えるきっかけを下さった稲盛さん、そして協力して下さった先生もありがとうございました。

一つ目は、人は感謝することで、すばらしい心をもつことができるということです。二つ目は、運命は自分でがんばれば変えることができるところです。

中学校1年　**栗田　凌**

ぼくは、この講演会に参加して人生とは、どんなものなのか、よく学びました。

一つ目は、人は感謝することで、すばらしい心をもつことができるということです。

人は他の人に少しでも感謝すればいずれ自分にも、かえってきます。しかし、その反対に悪い行いを思ったりすることで、いずれ自分にもかえってきます。

二つ目は、運命は自分でがんばれば変えることができるところです。善い行いなどをすれば運命が善い方向へ行くかもしれませんし、逆に、悪い行いをすれば運命が悪い方向に行くかもしれないということです。

最後に人生は心を磨けばすばらしい人間に、なることができるということです。また、人生というものは心を磨くためにあるということが分かりました。

私は、なに事にも良い方に考えて行動することの大切さをまなびました。私は悪い方に悪い方に考えてしまう方なので、とてもためになりました。

中学校１年　齋藤　柚香

今日の、稲盛和夫講演会での、「人は何のために生きるのか」――大震災・原発被災の苦しみを乗り越えて――で、私は、なに事にも良い方に考えて行動することの大切さをまなびました。私はどちらかというと、悪い方に悪い方に考えてしまう方なので、とてもためになりました。

特に、中国の話にとても心がむきました。

私はひんしのじょうたいで生れてきました。母はよく、助かったのは運命をかえたからなのよ、といっていました。その時は、あまり本気にしていませんでしたが、今日の話をきいて、本当にそうだったのではないかと思いました。

今回の講演会で、運命に従うだけでなく、時にあらがい、努力を続けていくことが大切だと分かりました。

中学校１年　佐藤　季樹

今日、稲盛和夫さんの講演会に参加してぼくはとても貴重なお話を聞くことができました。袁了凡の「陰騭録」の人の運命の話は特におもしろいと思いました。

運命に従って生きてきた人に言った「運命は変えられる」という言葉が印象に残りました。ある本で読んだ「変わらないものなどないのなら、運命にも変わってもらうとしよう」という言葉を思い出し、運命にあらがって変えることも重要なんだと思いました。

また、「災難や困難を神が与えた試練として受けとめて、前向きにひたすらに明るく努力を続けていく」という言葉もいい言葉だなと思いました。

今回の講演会で、運命に従うだけでなく、時にあらがい、努力を続けていくことが大切だと分かりました。これからは今回学んだことを十分にいかしていきたいです。

「世のため、人のため、が一番である」という考え方は、とても大事で、大切で、共感できるので、これからこの言葉を心に刻んでいきたいです。

中学校1年　**鈴木　海渡**

今日、稲盛和夫さんの話を聴き、僕は、いくら悪い環境にいても、ぐち、不平を言わず、忘れて、何かに熱中すると、良い循環に入り、自分で成長できる、という事を思いました。

また、宇宙は、「すべての物を慈しみ、よい方向へと育てていく『意志』がある」という考え方は、キリスト教にも似ていると感じました。

話で何度も出て来て、キーワードだと思った「因果の法則」は、良い行いは、いつか自分に帰って来る、ということであると説明されていましたが、すぐには帰って来ないという理由で、迷信と言われるのは、どうかと思います。

稲盛和夫さんの、「世のため、人のため、が一番である」という考え方は、とても大事で、大切で、共感できるので、これから、この言葉を心に刻んでいきたいです。

「善いことを思い、善いことを実行すれば、運命はよい方向へ変わる」を心に止めて、生活したいです。

中学校1年　**中嶋　夏歩**

今日の講演会に参加して、一番心に残った言葉は、「善いことを思い、善いことを実行すれば、運命はよい方向へ変わる」ということです。ただし、その結果はすぐには出ないものですが、あきらめないで、やることが大切だと思いました。

また、すごいと思った考え方は、「災難や幸運を神が与えた試練として受け止め、試練にも感謝する」ということです。試練として受け止めても、なかなかそれをありがたく思うことはできないと思います。

今日は、たくさんのことを学べました。「善いことを思い、善いことを実行すれば、運命はよい方向へ変わる」を心に止めて、生活したいです。また、京都から来て下さった稲盛和夫さんに感謝したいと思います。

和夫さんは良い人生の送り方も教えてくれました。和夫さんは、数々の苦難をのりこえてきた人だと聞いていたので、良い言葉をもらったなと感じました。

中学校１年　難波　文宏

今日の稲盛和夫さんの講演会で和夫さんが何回もくり返して言ってた言葉がありました。

それは、運命の話を何回もくり返し言っていた気がしました。

和夫さんは良い人生の送り方も教えてくれました。

和夫さんが話した中に運命というのは変えられるものだと言っていました。

和夫さんは、数々の苦難をのりこえてきた人だと聞いていたので、良い言葉をもらったなと感じました。

また、良い人生を送るには、善い事をする。

善い事ではなく悪い事をすれば、悪い事が返ってくるように、善い事も返ってくるのだと改めて感じました。

また、この授業から、僕は運命など決まっていて、１回目がダメならすぐあきらめるタイプですが、１回目がダメなら２回目、３回目とあきらめず明るく進まなければ良い道はひらけないのだと感じました。

どうすれば一度しかないとても大切な人生を、よいものにできるのかということを考えることができる講演会でした。

中学校1年　**西村　優花**

稲盛和夫さんのおはなしは、今までに、全く考えたことのなかった、「生きる」ということや自然の存在などを考えることができ、これから、どうすれば一度しかないとても大切な人生を、よいものにできるのかということを考えることができる講演会でした。

稲盛和夫さんは、自分も、失敗をくりかえして、つらいはずのことを行っているのに、私たちにとてもすばらしいことを教えて下さって、すばらしい人だと思いました。

自分のことだけを考えるのではなく、よいことを思い、実行するということの大切さをとても強く感じました。自然も、幸せも、くるしみもすべて、神からのプレゼントだと思って、何事にもチャレンジできる人になりたいと思いました。

これから先まだなにがおこるかわからないけど、自分でよい人生をつくっていきたいと思います。

「人生は、けっして楽ではないけど、その厳しさを試練だと思って明るく前向きに生き、努力をすればいい」この言葉にぼくは感動しました。

中学校１年　野田　宇政

今回の講演会はちょっと難しい話でしたが、人生は、なかなかうまくはいかないということ、うまくいくためにはどうするのか、それは、自分かってはだめ、自分だけよければいいと思う心を捨てること、人生は、いいことを思い、いいことをすれば、いい人生になる。悪いことを思い、悪いことをすればけっして、いい人生にならない。

「人生は、けっして楽ではないけど、その厳しさを試練だと思って明るく前向きに生き、努力をすればいい」この言葉にぼくは、感動しました。

これからは、人の心も自分の心も磨けるような人になりたいと思いました。

私も、たまに逃げたくなることがありますが、失敗をおそれずにやってみようという気になりました。

中学校１年　**橋本　理梨佳**

今日は、稲盛和夫さんの講演会を聞きにいきました。講演の内容は「人は何のために生きるのか」でした。私は、講演会の前にその内容を見たとき何も思い浮かびませんでした。でも、稲盛さんの話を聞いていると、少し理解することができました。

その話の中でも一番印象に残ってるのは「苦しいことや試練の対処の仕方により、人生が決まる」というお話です。それでは苦しいことは逃げたくなるけれど、そこで逃げず、失敗をおそれないでやると必ず次につながるというふうに自分で理解し「なるほど」と思いながら聞いていました。

私も、たまに逃げたくなることがありますが、失敗をおそれずにやってみようという気になりました。

今日は、本当にありがとうございました。

すばらしい宇宙に生まれてきたことに感謝して、がんばっていきたいです。

中学校1年　服部　励生

この講演会に行って、ぼくは、とても大事な事を学ぶことができました。

それは、「運命は、決められたものではなく、自分の力で変えていけるもの」であるということです。

稲盛和夫さんの人生は、「学海さん」の人生そのものであると思いました。

最初は普通だったのに、今や「KDDI」設立や、JALの会長に、そして誰もが不可能のはずだった再生をとげた、まさに「日本の学海」だなと思いました。

でも、このような可能性は、ぼくたちにもあることも学べました。すばらしい宇宙に生まれてきたことに感謝して、がんばっていきたいです。

きっと私達にそれを伝えることで「私達の人生を変えに来てくださったんだな」と思いました。

中学校1年　藤田　日香梨

稲盛和夫講演会に行きましたが、稲盛さんが3・11と原発事故がおきた福島のためにわざわざ京都から足をはこんできてもらい、そして今の私達に一番つたえたかったことはきっと「運命」というキーワードだったと思います。

講演会中このキーワードがとても出て来ていたので私はそう感じました。

自分達の運命は自分達の日ごろのおこないで決まります。「よいことをしていればよい人生へと　悪いことをしていれば悪い人生へ」行くと、これも講演会中におっしゃっていましたが、私達からしたら大先輩といえるぐらい長い人生をしてきたのだから、きっと私達にそれを伝えることで「私達の人生を変えに来てくださったんだな」と思いました。

どんなに偉い人になっても「人の生き方」について説ける稲盛さんは素晴らしい方だと思いました。

中学校1年　三上　真桜

7月2日に、稲盛和夫さんの講演会に授業の一環として行ってきました。当日の朝にお父さんに話すと、「すごく偉くて有名な人だよ。」と、とても驚いていました。

しかし、稲盛さんの講演の中には、経営戦略のような話は一つもありませんでした。題名の通り、「生き方」の講演ではありましたが、稲盛さんがおこした塾「盛和塾」でもいつもこういったお話だと聞き、とても驚きました。でも、どんなに偉い人になっても、「人の生き方」について説ける稲盛さんは素晴らしい方だと思いました。

「運命と因果の法則」が、稲盛さんの講演の主なテーマでした。少し難しいお話ではありましたが、「人生の中で善きことを思い、行い、考えれば、宇宙や神の愛が自分を助けて下さるから、あきらめないこと」というのが私の見解です。

今どんなに苦しい立場にあろうと、世のため、人のためにつくすという教えを、稲盛さんは自分の経験をもってお話しして下さいました。この貴重な経験と、京都からいらっしゃった稲盛さんに「感謝」をして、彼の教えを忘れぬよう人生を歩んでいきたいです。

自分が分かったことを実行して、心を磨き、「真善美」の心になれるように努力していきたい。

中学校1年　村田　奈々

今日の講演会では、「人は何のために生きるのか」を題として、稲盛さんの考える生き方について学んだ。私は、とても心に響いた言葉が3つあった。

まず1つは、「災難や幸運を神が与えた試練として受け止めて、前向きにひたすら努力を続けていく」という言葉だ。災難とか、逃げたくなるようなことも、現実から逃げず、努力を続けることが大事という意味で、私も大切にしたいと思った。

2つ目は、「真善美」だ。稲盛さんもおっしゃっていたが、正しく、善く、美しい心を持ちなさい、ということだ。人間に完璧な人なんていないけど、少しでもこれに近づけるように頑張りたい。

そして、最後に、「人生の目的は心を磨くこと」。心を磨き、強く光るものにできるように、これから、努力していきたい。

大人のきくような話も多く、全てを理解できた訳ではないが、自分が分かったことを、実行して、心を磨き、「真善美」の心になれるように努力していきたい。

現世は心を磨いて、あの世に行ったら現世で行った行動を神に報告し、また現世に行く、の繰り返しだと思います。

中学校1年　**矢部　竜麻**

私は稲盛和夫講演会に参加して、稲盛さんは、大変な人生を送った、というより、たくさんの神様からの試練をのりきった、たくましい人だ、と思いました。

理由は、お話の中にもありました、「真善美」や、「心を磨く」などの、自分の「精神」の事を話せる人は、とても辛い事をたくさんのりきって生きてきたからだと思います。

それと、稲盛さんは、「現世は心を磨く道場」とおっしゃいました。私は、その言葉を聞いてこう思いました。現世で心を磨いて、あの世に行ったら現世で行った行動を神に報告し、また現世に行く、の繰り返しだと思います。

私は、13歳という年で、それらの事に気がつかされたので、生きている間は、できる限り人に優しくしようと思います。すばらしいお言葉を聞かせてくれてありがとうございました。

自分の未来をもっと良くするために、明るく前向きに良い行いをしながら生きていこうと思います。

中学校１年　山口　美伊子

私は、今日の稲盛和夫講演会を聞いて、生き方について考えました。普段の学校生活や、友達関係を通して、いつも明るく笑顔でいれば、友達が寄ってきてくれるということは知っていました。私自身もいつも笑顔でいるように心がけています。でもいつもなにか不安なことや悩み事、心配事があると、つい下向きに物事を考えてしまい、必要以上に落ち込んでしまいます。これが普通だと思っていたので、稲盛さんが「明るく前向きに生きていく」と言った時、びっくりしました。でも稲盛さんの少年時代の話を聞き納得しました。前向きに生きていくということは、自分の未来を信じるということ、自分の未来を信じ、もっと良くしていこうと思うことだと思います。なので、これからは自分の未来をもっと良いものとするために、明るく前向きに良い行いをしながら生きていこうと思います。稲盛さんは、最後に「人生の目的は、心を磨くこと」と言っていました。私も、そうだと思います。どんなに何でもできる人でも、心がよごれていたら、すべてが台無しになってしまいます。心を磨くためには、善い行いをしなければいけないです。今日の稲盛さんのお話はすべてつながっていました。心を磨くための条件、心の磨き方を教えてくれたのだと思います。今日のことを生かして、これからの人生を最高のものとしたいと思います。

私達は善い人生を生きる為にも、常に「純粋な心」を宇宙のような偉大さにならい、磨いていきたいと思います。

中学校2年　**阿部　理李香**

私は本日の稲盛和夫さんの講演の中で、

「善いことを思い、善いことを実行すれば、人生は好転する」

という考えについて深く心を打たれました。

それは私達が生きている中での「運命」に在り、「因果の法則」と言われるものであります。私達の「運命」は定められています。ですが、"善い"ことをすれば善い運命にもなるし、"悪い"事をすれば悪い運命へと変えることだって出来るのです。

確かにこれは1+1=2のように即座に結果が出るものではありません。現代の教育方針の中でも決して科学的でも合理的でも無いのですが、これを「宇宙」というもっと広い視野を持って考えてみれば、この「因果の法則」が迷信では無いときっと理解してくれるでしょう。137億年の長い歳月をかけて宇宙は、地球や私達の生命をつくり、導いてきたのです。また、そこには人生と同じような災難などの「試練」があったはずでありましょう。ですが私達はそれを乗りこえて行かなければならないのです。

だから私達は善い人生を生きる為にも、常に「純粋な心」を宇宙のような偉大さにならい、磨いていきたいと思います。

一つ心に決めたことが出来ました。“災難にも幸運にも感謝”することです。

中学校2年　衞藤　百花

私は、この講演会に参加して一つ心に決めたことが出来ました。それは、“災難にも幸運にも感謝”することです。これは、稲盛先生がおっしゃっていた言葉です。

稲盛先生によると、災難や幸運は神様が与えた試練で、それを前向きに明るく努力することによって乗りこえられるといいます。また、乗りこえるために努力をしている時にグチを言ってはいけないとおっしゃっていました。それは、グチを言っていると幸福が逃げてしまうからです。だから、前向きに、明るく努力しなければなりません。

私には、稲盛先生に言われたことをいっぺんにしゅうとくすることは、無理でしょう。なので一つずつ一つずつ出来ることから実せんしていこうと思います。

これから自分のことばかりを考えていくのではなく人のことを考え、人に信用してもらえるような人になっていきたいと思いました。

中学校２年　桑野　拳輔

ぼくは稲盛和夫さんのお話を聞いて、善きことを思い、善きことを行えば運命は良い方向へといき、悪いことを思い、悪いことを行えば運命は悪い方向へと変わっていくというお話は、本当にまさにそうだとすごく共感しました。

自分だけのことを考え、人のことを考えず自分かってなことばかりをしていると人の信用をなくし、没落していくんだと思いました。

この話を聞いてぼくもこれから自分のことばかりを考えていくのではなく人のことを考え、人に信用してもらえるような人になっていきたいと思いました。

稲盛さんは、試練を感謝の気持ちで受け取り、ひたすら努力をしてゆく純粋な心を持っているからこそ、人を動かし、可能にできる力を持っていると思いました。

中学校2年　**佐久間　愛**

今日の稲盛和夫さんの話を聞いて、私達に教えてくださっていたことのすべてに意味があり、すべてのことに理解ができました。

「善きことを思い、善きことを行えば運命は良い方向へと変わり、悪いことを思い、悪いことを行えば運命は悪い方向へと変わる」分かっていてもなかなか出来ないことです。しかし、稲盛和夫さんの時代ではそのことを信じることが難しいにもかかわらず、その言葉を信じ、実行できることが素晴らしいと感じ、同時に今の時代を生きる私達にもできない訳ではないと思いました。また、その行いが運命へと変わるには時間がかかり、単純明快ではないことで因果の法則がちゃんとあることが分かりました。

そして、最後まで話を聞いて稲盛和夫さんは、試練を感謝の気持ちで受け取り、前向きにひたすら努力をしてゆく純粋な心を持っているからこそ、人を動かし、可能性を可能にすることができるような力を持っていると私は思いました。

人が成長し、強い心を育てるためには、色々な経験をし、どうやって解決していくかを考え、実行することだと思います。

中学校2年　笹島　梨里佳

稲盛さんの様な倒産しかけた会社を一生懸命に復帰させようと、頑張ったりして、偉大な事を成し遂げる方は昔からとても恵まれた環境でいると思っていました。しかし、戦争や、雇われずに十分な収入を得られなかったなどの話を聞き、とても苦労されているということを知りました。私は、嫌な事、災難などはあまり好きとはいえません。普通に生活していくほうがもっと楽しいです。しかし、稲盛さんはそれらも、幸運なことも全て試練であるとおっしゃっていました。つらい事がなければ、人は成長できないし、どのように対応していくかが分からないと思います。人が成長し、強い心を育てるためには、色々な経験をし、どうやって解決していくかを考え、実行することだと思います。

また、もっと心を磨くためには、良い方向へ明るく努力をしていく事が必要とおっしゃっていました。毎日ただ過ごして終わってしまったと感じるのではなく、何事にも明るく努力していく事で一日一日を有意義に過ごすことができ、達成感のある日々を送れると思います。私達が誕生してきたので、今生きていく事ができるのに、一日一日、一分一分、無駄に時間をつぶしていくことがとても損をしているように感じます。強い意志を持ち、色々な経験をし、日々努力する生活を送っていきたいと思います。

生きているだけで、感謝する、何にたいしても感謝するなど、感謝の気持ちを大切にすることなどをおしえられました。

中学校2年　澤村　淳

稲盛和夫さんの講演をきいて「人は何のために生きるのか」が少し知れた気がします。稲盛さんのお話を聞いているといろいろ考えさせられました。生きているだけで、感謝する、何にたいしても感謝するなど、感謝の気持ちを大切にすることなどをおしえられました。

「善きことを思い　善きことを行えば　人生は好転する」

などを聞いて本当かなぁーっと疑問におもうこともありました。

運命は神がきめたもの？　自然がきめたもの？

日本では証明できないとされ、数学的なもので時代は発展したとききました。でも僕は運命はあると思います。証明はできないけど、あるとおもいます!!

運命はかえられるというお話をききました。

よいことをおもい、よいことをすれば、運命はよい方向にかわるとききました。このことをきいていろいろ考えることができました。

稲盛さんのお話をきいていろいろ考えることができ、たくさんのことをまなびました。このことをこれからの学校生活や未来にいかせたらなと思います。

一番心に残ったのは「神様は私達に気づかせようとして試練を与えている」という言葉でした。

中学校2年　塩田　彩乃

今回の稲盛和夫講演会に参加して、「人はみんな幸せになることができる」「いろいろなことに感謝して、うつくしい心をつくれば、いい未来が待っている」「よいことをすれば、よい運命へ進めることができる」など、たくさんのいろいろな知恵を見つけることができました。

その中で一番心に残ったのは「神様は私達に気づかせようとして試練を与えている」という言葉でした。他にも「よいことを思い、よいことを実行する」「よきことを思い、よきことを行えば人生は好転する」などが心にしみました。

とても人生のために役に立つなと思いました。そして最近、いろいろな物に感謝していないなと思いました。これからいろいろな物に感謝していきたいです。

私が一番印象が強いのは、"運命"という言葉です。前半の方に稲盛さんが何回も何回も繰り返していた言葉です。

中学校2年　鈴木　日菜子

この講演会に参加して、私が一番印象が強いのは、"運命"という言葉です。前半の方に稲盛さんが何回も何回も繰り返していた言葉です。中国の話や実際に稲盛さんが体験したことで運命の話をしていただきました。

私たちが、なかなか信じることのできない"運命と因果の法則"。「よいことを思い、よいことを実行すれば、よい運命にかわっていく」と言っていましたが、それは"1+1"のようにかんたんに答えが出るようなことではないことがわかりました。

最後に、明るく前向きに、そして一生懸命努力していくことがすごく大切なことなんだということをよく知ることができてよかったです。本当に勉強になりました。

因果の法則ということを聞いた時、心にグッときました。私も、自分で運命を変えたいです。

中学校2年　髙橋　ひかり

人は、運命をたどり、人生を歩いていくものだということを知りました。私は「運命」というものを信じられません。自分の人生は、自分がつくると思っているからです。

因果の法則ということを聞いた時、心にグッときました。私も、自分で運命を変えたいです。どんなに小さなことでも良いことを思い、良いことを実行していきたいです。

また、「試練」という言葉を聞くと、嫌なことを想像してしまいますが、「試練とは、神が与えてくださった災難や幸運」のことという言葉を聞いて、なるほどと思いました。だから、これからは、災難も幸運も試練だと思いながら生きていきたいです。

私は、自分の力で運命を変えたいと思っています。どんな困難にも試練だと思い、立ち向かっていきたいと思います。本日は、ありがとうございました。

私も、この先、どんなに苦しい災難にぶつかっても、必死に努力し、善い人生にしていこうと思います。

中学校2年　髙橋　由里

今回の講演会のテーマは「人は何のために生きるのか」です。私自身も考えたことがあり、とても興味深いテーマです。

私は普段生活の中で不安に思っていることがあります。それは、いつかすごく苦しい困難にぶつかるのではないか、ということです。この講演会の中の話で、自分は運命を背負っているが、その運命を変えることができる「因果の法則」というものが存在する、というものがありました。そして、「善い事を行い、善い事を思えば人生は好転する」というまとめも教わりました。実際、稲盛和夫さんも81年という長い人生を歩んできた中で、苦しい困難などにも出合ってきたそうです。でも、学生時代、就職当時の努力が、研究の没頭につながり、「善い事を思い、実行する」ようになって人生が好転したそうです。

誰だって成功ばかりではない人生です。しかし、強い意志と勇気を育て、因果の法則を信じて、厳しい現実を生きていかなければなりません。私も、この先、どんなに苦しい災難にぶつかっても、必死に努力し、善い人生にしていこうと思います。そして、あらゆることも日々努力し、明るい未来に向かっていきたいです。

「運命」や「因果の法則」を信じています。根拠はありませんが、信じてみたいと思いました。

中学校2年　野村　涼香

「善きことを思い、善きことを行えば、人生は好転する」。

今日、この言葉を初めて聞きました。人生は、よい原因はよい方向に、悪い原因は悪い方向に、自分の今までの人生で、そのような経験はあっただろうか、と過去をふり返ってみました。しかし、稲盛塾長がおっしゃっていたように、「すぐに結果が出るわけではない」ので忘れていました。

しかし、私は「運命」や「因果の法則」を信じています。根拠はありませんが、ただ単に信じてみたいと思いました。それは、稲盛塾長のお話を聞いたからかもしれません。

「勇気と強い意志を持って前向きにひたすら明るく努力を続ける」を目標にし、心をみがきながらがんばります。とても感動しました。

とてもすごいことをするよりも、まず心を純粋に生活していきたいと思いました。

中学校2年　古川　幸季

今回、講演会を開いてくださった稲盛和夫さんはいんしつろく（陰騭録）という本の話をして下さいました。いんしつろくという本の中で一番心の残ったことが、白髪の老人に運命を定められた子供の話でした。その運命の通りに生きてきた子供でしたが、最後には、その運命とは違う道を歩みました。

〝運命とは自身の力で変えられる〟。稲盛さんの話で「運命と因果の法則」の話を聞きました。「善いことを思い、善いことを行えば人生は良い方向へと変わる。悪いことを思い、悪いことを行えば人生は悪い方向へと変わる」というものでした。人生を成功へと導きたければ「行動の手段によるよりもその心の純粋さによる」。とてもすごいことをするよりも、まず心を純粋に生活していきたいと思いました。

そして最後に人生には必ず試練がきます。しかしその試練を「災難や幸運を神が与えた試練として受けとめて前向きにひたすらに明るく努力を続けていく」ことで乗りこえられると私は思います。人生の成功のかぎは私は日々の努力だと思いました。

一つわかったことは稲盛さんは人生をとっても大切にしているんだな…と思いました。

中学校2年　**益子　千晴**

今日は稲盛和夫さんの講演会に行きました。そして、色々な事を学びました。

27さいの時から京セラの経営にたずさわり、日々大変だったと思います。でも、それを運命だと思い、頑張ってきたそうです。若い頃から大変な重荷を背負っていて、私だったら、出来ないだろうな…と思いました。

稲盛さんは、それについて安岡正篤さんの「運命と立命」によって学んだそうです。

今度、機会があれば、ぜひ、読んでみたいです。

難しい言葉とかもあって、わからないことも多かったけれど、一つわかったことは稲盛さんは人生をとっても大切にしているんだな…と思いました。

短い時間だったけれど、この講演会に参加できてよかったです。

稲盛先生に花束をわたしたあとの握手の手が温かくて、笑顔も優しくて、心が温かくなるかんじがしました。

中学校2年　**松本　佳子**

一番前でじっくり聞くことができました。人生の生き方などを深く理解し、また、考えることができる貴重な時間でした。

また、私は花束をわたすという、とても重要な役割が与えられていたため、余計緊張しましたが、良い経験だったと思いました。

稲盛先生に花束をわたしたあとに握手をしてもらった稲盛先生の手が温かくて、笑顔も優しくて、こっちまで何か心が温かくなるかんじがしました。

私も将来、今日聞いた生き方をして自分を磨いていって、稲盛先生みたいに手が温かくて笑顔も素敵で優しくて、そんな人物になりたいなぁと心から先生と握手をした瞬間に思いました。

本当にあの講演会の時間は貴重だったと、とても思います。稲盛先生の言葉を忘れずに生きていこうと思いました。

宇宙の全ては良い方向へ向かおうとしているといっていたときは、自分も、そのように人生をすごせているのかと考えました。

中学校2年　宮川　凛太郎

ぼくは、今回の稲盛和夫さんのお話を聞いてとても素晴らしいと思いました。ぼくは、その中で一番心に残ったのは宇宙の話でした。

ビッグバンが起こったということから宇宙の全ては良い方向へ向かおうとしているといっていたときは、自分も、そのように人生をすごせているのかと考えました。そして、これからは、もっとけんきょな気持を持って幸運が来るように、これからもがんばっていけたらいいなと思いました。

災難や幸運を試練として受け止めて、前向きにひたすらに明るく生きていくということを思いながら生きて来ていた稲盛さんはとてもすごい人で、この人のお話を聞けてよかったと思いました。

善いことを思い、自分のためではなく、他人のために努力しつづければ、かならずよい結果を生むことになると教えてくれました。

中学校２年　**柳橋　幸明**

稲盛さんの話を聞くまえは、実のところあまり話を聞きに行くのは、あまり気がすすみませんでした。しかし、話を聞いているうちに、すごい人だなと感じました。

稲盛さんの話の内容は、人の生きる意味についてというのが、大きなものでした。その中で、人はその人の運命にそって生きていく。その間の心のもち方で、その運命を変えることができる。たとえ、大きな試練があったとしても、それを感謝の気持ちでうけとめ、前をむいて、明るく、努力してのりこえて行けば、その後の人生はよいものへと変わると教えてくださいました。

稲盛さんは日本航空をつぶれる直前から歴代最高の売り上げを記録するほどまで再建しました。稲盛さんは、その体験から、善いことを思い、自分のためではなく、他人のために努力しつづければ、かならずよい結果を生むことになると教えてくれました。

今日の話をいつも心にとめて、明日から生きて行こうと思いました。

私は今まで幸福が試練であるなどと、考えたことがなかったため衝撃でした。

中学校2年　山田　萌々加

今日の講演会は、少し難しかったですが、色々な話も聞くことができ、おもしろかったです。その中でも、印象深く残っていることは『幸福も試練である。』という言葉でした。

私は今まで、幸福が試練であるなどと、考えたことがなかったため衝撃でした。

試練である理由は、幸福になると、人は、誰もが傲慢になってしまう。そして、判断を誤ると、すぐに幸福の反対側へ落ちてしまうから、だそうです。

確かに、幸福になると、周りの不幸が見えなくなり、判断を誤ってしまう時があるような気がしました。幸福の時も災難の時も、周りを良く見て、感謝の心を忘れずに、過ごしたいと思いました。

前向きに明るく努力していくっていう考えはとても共感のできる言葉だなと思いました。

中学校2年　吉田　優斗

僕は今日、ビッグパレットで稲盛和夫さんのフォーラムを聞いて印象に残った言葉があります。

それは、「災難や幸運を神が与えた試練として受け止めて前向きにひたすら明るく努力しつづける」という言葉です。

正直、震災にあった僕にとってはちょっと「えっ」ってなりました。でも家に帰ってもう一度考えてみると前向きに明るく努力していくっていう考えはとても共感のできる言葉だなと思いました。いつまでも暗くいるよりも明るくしていった方がメンタル面でも少しやわらぐし、だれかが明るければみんなも明るいふんいきになると思うからです。僕はこのフォーラムを聞いて、いままでの考えも少し変わったし、ほんとに勉強になったなと思いました。

今、私たちがこの世界に生きていることに感謝をして、毎日を過ごしていけたらいいです。

中学校3年　赤沼　桃

私がこの講演会で一番心に残っている言葉は、「災難や幸運を神が与えた試練と受け取め、前向きにひたすら明るく努力を続けていく」ということです。

災難だけでなく幸運をも試練とするのに驚きました。確かに幸運がめぐってきたとしても、それに感謝し、正しい受け取め方をしなければ、人生は良い方向へは行きません。その幸運を心から感謝することで、初めてそれが自分のものになるのではないかと思います。

どんな小さなことでも人に親切にし、毎日小さな優しさや思いやりを積み重ねていくことで、自ら運命を変えることができます。これから巡ってくる全てのものは、意味を持ってそこに存在し、私たちに何かしらを与えてくれます。その試練を通して、少しでも素敵な心を持てるように、磨いていきたいと思います。

今、私たちがこの世界に生きていることに感謝をして、毎日を過ごしていけたらいいです。今日は、多くのことに気づかされた素晴らしい一日となりました。ありがとうございました。

「因果の法則」に従うため、「宇宙の意志」に従うため、私達は心を磨きつづけます。宇宙の「愛」に応えるために。

中学校3年　浅野　雄大

「因果の法則」について、私もその法則を信じたいと思います。どんなに辛くても、理不尽なことがあっても、くじけず、周りに流されず、努力を絶やさない、善行をすること。そうすることによって宇宙の慈しみ、よい方向に傾ける「意志」に従うことになり、うまく行くのだと思います。

私は、その「善行」がたとえ「偽善」でもいいと考えています。「偽善」でも、己の心境がどうであろうと助かる人物はいるはずです。それは立派な「善行」ではないでしょうか。「善行」は、必ずしも真っ白に澄んでいる必要はないのです。稲盛氏の言う「企業」も「因果の法則」にかなっています。「企業は株主でも、社長の為でもなく、全社員の為にある」稲盛氏は言いました。「因果の法則」に従うため、「宇宙の意志」に従うため、私達は心を磨きつづけます。宇宙の「愛」に応えるために……。

災難や幸運を神が与えた試練として前向きに生きるという生き方を学ぶことができました。

中学校3年　石川　奎一郎

今回、稲盛和夫講演会「人は何のために生きるのか」に参加し、心に残った言葉は「善きことを思い、善きことを行えば運命はよい方向へと変わり、悪いことを思い、悪いことを行えば運命は悪い方向へ向かっていく」という言葉です。この言葉を聞いた時、本当にそうなんだろうか、と思いました。

しかし、その次の言葉で、いままでの自分の考え方が変わりました。それは「宇宙にはすべてのものを慈しみやさしく育てていく愛が充満している。あるいは宇宙はすべてのものを慈しみ、よい方向へと育てていくような意志がある」という言葉です。

人間、地球、宇宙はもとは小さな粒子でその小さな粒子を育てる、進化させる意志を神がもっているということを知り、いままで心から信じることができなかった因果の法則を信じることができました。

災難や幸運を神が与えた試練として前向きに生きるという生き方を学ぶことができました。

宇宙と同じく、我々人間も「希望」がある、と改めて実感することができました。

中学校3年　**伊藤　千恵**

今回の講演会で、稲盛和夫さんのすばらしいお話をいただきました。

特に印象に残ったお話は、「宇宙」についてです。「宇宙には、すべてのものを慈しみ、愛が充満している。無生物をも愛す。一瞬たりとも休まず、私達を良い方向へ導いてくれる意志がある」とても感動しました。

宇宙は無限に広がり、広がりつづけ、私達の住んでいる星「地球」を包みこんでいます。「無限」という言葉は少し不気味な響きですが、まだまだ可能性に満ちた「希望」という言葉に類似していると思いました。

宇宙と同じく、我々人間も「希望」がある、と改めて実感することができました。

もしかしたら、これからまた、震災がおこるかもしれません。しかし、私たちは運命を変えることができます。

中学校3年　**大谷　瑞季**

私は、今日稲盛和夫さんの講演会に参加してたくさんのことを学びました。私にとってとても難しいお話もたくさんありましたが、私が稲盛さんのお話の中で、一番心に残っているのが、「運命と因果の法則」です。お話の中に、「人間は運命のままに生きる」という部分がありました。私の今までの生活で運命によって起こった出来事はたくさんあります。そして、運命は変えられないものだと思っていました。

しかし、稲盛さんのお話で私たちが善いことを思い、善いことを行えば善い結果になり、悪いことを思い、悪いことを行えば悪い結果になると学びました。

私たちは震災を経験しました。もしかしたら、これからまた、震災がおこるかもしれません。しかし、私たちは運命を変えることができます。きっと人は神からの試練によって心を磨くために生きているのだと思います。

稲盛先生が話して下さった宇宙の話のように小さな一人の声、「意志」からいろんな風に広がって大きなことができるというように考えました。

中学校3年　大塚　沙有美

“運命”という言葉はよく使ってきましたが、変えられるなんて考えたこともありませんでした。そもそも将来が分からないのに運命などないと思っていました。ですが、それは逆に私がこれまでただ時の流れにまかせて過ごしてきたのかなと思いました。

もちろんまだ稲盛先生のように大きなことをできるとは思いません。ですが今からでも自分の運命を考え、それを変えよう変えようと努力することはできると思いました。

また、稲盛先生が話して下さった宇宙の話のように小さな一人の声、「意志」からいろんな風に広がって大きなことができるというように考えました。宇宙のように全てを愛することができる世界にできるよう、よりよい世界にできるよう小さいながらも強い声、意志をだしていきたいなと思いました。

震災後、嫌でたまりませんでしたが、これも試練なのだ、と前向きに考え、過ごすことができそうで、良かったです。

中学校3年　**角田　日香里**

今回は、「人は何のために生きるのか」ということをお話ししていただきましたが、感動することも沢山ありました。運命と因果の法則は心に残りました。良いことをすれば運命は良い方向に、悪いことをすれば運命は悪い方向に変わる、ということを心に留めて生活していきたいと思うことができました。少しずつでも良いことをすれば、おのずと結果が出てくる、といったことは今まで何度か聞いてはきましたが、そんなの迷信だろうと思っていました。稲盛さんがおっしゃっていることで、改めて考え直せた気がします。また、宇宙や自然は、私たちに様々な試練を与えてくれると知りました。震災後、嫌でたまりませんでしたが、これも試練なのだ、と前向きに考え、過ごすことができそうで、良かったです。

日本航空再建の大義を聞き、驚きました。3つ全て他人のために尽くしているからです。稲盛さんは大企業を作りあげてきましたが、そのような心の純粋さ、前向きさがあってできたことだと思います。「人生の目的は心を磨くこと」とありましたが、良心や、心の持ち方を磨いていきたいと思います。

1+1=2と、すぐに答えが出てしまう人生ではないと聞いた時に、私が今続けていることを、もう少し頑張ってみようかなと思いました。

中学校3年　工藤　理子

稲盛さんのお話を聞いて、一番心に残ったことは、良いことを思い、良いことを実行する人と、悪い方に考え、あまり良くない行動をする人の違いです。

稲盛さんのお話に共感するのは、良いことをしても時間がかかるということです。稲盛さんがおっしゃる通り、1+1=2と、すぐに答えが出てしまう人生ではないと聞いた時に、私が今続けていることを、もう少し頑張ってみようかなと思いました。

また、宇宙のお話の中で、最初に生まれた水素原子のお話も、とても勉強になりました。

宇宙にはすべてのものを慈しみ、愛することで良い方向へと育てていく「意志」があることを今日、改めて知ることができました。すべてのことを愛し、すばらしい人生にしていきたいと思います。

今日は、ありがとうございました。

今回の稲盛和夫さんの公開フォーラムは、自分の考えを改めさせる、そしてとても納得できる大変貴重なものでした。

中学校3年　久保田　秀徳

1+1=2になるというのは、簡単なことだが、人生はそれほど簡単ではない、ということを改めて気づかされました。

実際、楽してきた人が素晴らしい生活を送る、というのは、見たことがない。なので、楽な暮らしをしている人が、今度も楽な生活が出来るか、というと、それはないということ、今もなお問題視されている原発問題も実は廃止する、ということは難しいということ。

中性子と陽子から原子核ができ、原子核から原子に、原子から生物に、又は、宇宙を形成している、という部分が心に残りました。その宇宙は、一瞬たりとも休むことなく、全ての物をいつくしみ、愛を注いでいる。そういう考えもありなんだなと思いました。その宇宙の中に住んでいるのが我々だ、ということを忘れないようにしたいです。今回の稲盛和夫さんの公開フォーラムは、自分の考えを改めさせる、そしてとても納得できる大変貴重なものでした。

善きことを思い善きことが起こると、気持ちもよくなり、そこから循環がよくなっていくんだ、と思いました。

中学校3年　古河　夏鈴

1＋1＝2は、数学ではあたり前かもしれないけど、人生では、それは簡単に通用するものではないということを感じました。

稲盛さんは「善きことを思うと善きことができる」というようなことをおっしゃっていましたが、本当にそうなんだろうなと思いました。ものごとをよい循環にさせるには、決して悪いことは考えてはいけない。それは、善きことを思い善きことが起こると、気持ちもよくなり、そこから循環がよくなっていくんだ、と思いました。

私はもともとポジティブな人間なのですが、ポジティブすぎて、気持ちを切り換えるのが早く、反省する時間が短かいのですが、そこのバランスを見極められるようになりたいです。

福島県民として、3・11の大震災を乗り越えて、生きていかなければなりません。原発についても風評被害があり、団結し合いがんばっていかなければなりません。

中学校3年　**柳沼　勇唯斗**

「人は何のために生きるのか」について講演会がありました。

福島県民として、3・11の大震災を乗り越えて、生きていかなければなりません。

原発についても風評被害があり、団結し合いがんばっていかなければなりません。

運命は変えることができ、善を行えば良い方向に向き、悪を行えば悪い方向に向くとおそわりました。

これからの人生、一つでも良いことをして上向きに持っていきたいと思います。そして、神様が与えた試練を乗り越え、未来をつくりあげていきたいと考えました。

改めて生きていることのすばらしさを実感しました。もっと一生懸命生きようと決心しました。

中学校3年　真田　理美

稲盛和夫さんのお話を聞いて、改めて生きていることのすばらしさを実感しました。また、今日の講演会に参加してもっと一生懸命生きようと決心しました。

特に善きことを思い、善きことを行えば、人生は好転するという言葉は、私の胸に深く残りました。

今まで生きることについて深く考えたことがありませんでしたが、稲盛さんのお話を聞いて色々考えさせられたことがたくさんありました。これからの生活で物事を善い方向に持っていけるように努力していきたいと思っています。

今日は本当にありがとうございました!!

善きことをしたら善い方へ行くということがあるなら、私は、善い方へ行きたいので、努力をしていきたいと思いました。

中学校3年　**鈴木　夏菜子**

私は、初めて、このような講演会に参加しました。稲盛和夫さんは、とてもたくさんの経験をしてきたんだということを改めて知りました。善きことを思い、善きことを行えば、人は好転する。これは、とても心に残りました。

生きる、生きているというのは、あたりまえではなく、いろいろな人の助けもありながら、生きているということ、悪いことをしたら、それなりに、悪い方へ行くということ、善きことをしたら善い方へ行くということがあるなら、私は、善い方へ行きたいので、努力をしていきたいと思いました。

とても、きちょうなお話をしてくださりありがとうございました。

復興に向けて希望を持ち、少しずつでも元の福島に近づけるように私達が支えていきたいと思いました。

中学校3年　関根　萌

運命と因果の法則を通して深い関心を持ち、講演会に参加することができました。「善いことを思い、善いことを行えば運命はよい方向に変わり、悪いことを思い、悪いことを行えば運命は悪い方向へと変わる」というお話が印象に残っています。

東日本大震災で多くのものを失い、あたり前のように日々をすごせなくなった時間を経験したことがあるため、よく考えることができました。復興に向けて希望を持ち、少しずつでも元の福島に近づけるように私達が支えていきたいと思いました。

心を磨くために私達は生きていることを学びました。「真善美」を忘れずに、生まれたときよりも成長していくことができるように努力していきたいです。毎日続けていくことが大切だということをしっかりと理解していきたいです。今日お聞きした話を忘れないようにしたいです。

僕はそのような宇宙に生まれることができて、本当によかったと思います。もっと、生きていることに感謝したいです。

中学校3年　先崎　智哉

僕は、今回の稲盛和夫さんの講演会に参加してみて、いろいろなことを学ぶことができました。

まず、とても印象に残ったのは、"よいことをすれば、人生の結果はよい方へいく" というお言葉です。僕は、人生にできることなのに見て見ぬふりをしているときが無意識にあるのかもしれません。自分で気付けるようにしたいです。

また、"宇宙には、全てを慈しみ、優しく答える愛が充満している" という言葉も印象に残りました。僕はそのような宇宙に生まれることができて、本当によかったと思います。もっと、生きていることに感謝したいです。

人はまだまだ未完成です。しかし、見方を変えれば、大きな可能性が広がっているということです。自分からよいことをし、森羅万象に感謝、生活したいと思います。

この度は、ありがとうございました。

良いことを思う（する）ということは、ささやかな親切と笑顔など簡単なことでもよかったので、これだったら私でも出来そうだと感じました。

中学校3年　坪井　美樹

講演会に参加するというのは私にとって初めてのことだったので少し新鮮でした。稲盛さんの講演にあったように"良いことを思い、良いことをすればよい人生になり、悪いことを思い、悪い行いをすれば、悪い人生になる"というのは本当にそのとおりだなと思いました。

そして良いことを思う（する）ということは、ささやかな親切と笑顔など簡単なことでもよかったので、これだったら私でも出来そうだと感じました。でも、少しいいことをしても、すぐ人生にあらわれるものではない、ということもおっしゃっていたので、うまくいかないこともあると思いますが、その先にかならず良い道が広がっていると信じて生活していきたいと思います。

稲盛さんが根気よく研究をして花開いたように、私たちもいつか努力がむくわれ、花開く時がくると思うので、その目標に見合ったような努力をしていきたいと思います。今回の講演会は私にとって良い経験になりました。

これからは不満を言う前に、今生きていること、試練をあたえて下さったことに感謝したいと思います。

中学校3年　**戸田　香穂**

「善いことを思い善いことを行えば、運命はよい方向へとうごく」ということが印象に残りました。苦しい試練も乗りこえ感謝することが幸運のために大切なことだと考えることができることがすごいと思いました。

私は、苦しいことがあれば、すぐに不満などを口にしてしまいますが、すべて自分にかえってきました。今回のお話を聞いて、私もこれからは不満を言う前に、今生きていること、試練をあたえて下さったことに感謝したいと思います。

又、私たちは、宇宙の愛の中で生きていること、そして、今までに出会ってきた人々は、かげろうのような素粒子がうみ出してくれた奇跡の中にいることにも感謝したいと思います。

私はまだ中学生なので、まだまだ長い将来があります。しかしまだどのような人生を歩んでゆくのか分かりません。もしかしたらとても苦しい道かもしれないし、楽な道かもしれません。ですが、きっとどの道だとしても、今回稲盛さんにお聞きしたお話を思い出し、因果の法則で私の運命を、人生を善い方向へとうごかしていきたいと思います。

貴重なお話を聞かせていただき、本当にありがとうございます。

稲盛和夫さんのお話を聞いて、どんな試練でも受け止めようと思います。

中学校3年　根本　桜子

人生の目的は心を磨くことだと学びました。

難しいお話でしたが、とても勉強になりました。

稲盛和夫さんのお話を聞いて心に残ったことは沢山あります。

たとえば、JALのお仕事をお金をもらわず、働いたり、前向きにひたすらに明るく努力し続けたり、試練を受け止め、どんな試練でも、「ありがとう」の感謝の心で。

私は試練がきたら、受け止められないで、すぐ逃げてしまうと思います。でも稲盛和夫さんのお話を聞いて、どんな試練でも受け止めようと思います。

偉大な人物の行動の成功は、行動の手段によるものよりもその心の純粋さによるもの、という言葉と、善きことを思い、善きことを行えば、人生は好転する、運命はよい方向へと変わるという言葉を考えながら、これからも生きていこうと思います。

一度きりしかない人生で努力を積み重ね、磨いて磨いて磨いて、輝き生きれるようになりたいと思いました。

中学校3年　八木田　彩瑛

私はこの講演会で、「災難や幸運を神が与えた試練として受け止めて、前向きにひたすら明るく努力を続けていく」という言葉が、とても心に残りました。

生きていくなかで、災難があり悲しみを感じたり、幸運があり喜びを感じたりすることは、つきものだと思います。

ただ、それらを神様が与えてくださった試練で感謝の心を持ち努力すると考えると、何事にもおそれることなく堂々と生きていけるような気がして、とても心強くなりました。

そして、「人生の目的は心を磨くこと」。一度きりしかない人生で努力を積み重ね、磨いて磨いて磨いて、輝き生きれるようになりたいと思いました。

稲盛和夫さん、お忙しい中、本当にありがとうございました。

苦しい試練を乗り越える時、諦めがちですが、稲盛さんがおっしゃったように強い意志を持ち、信じ続けることも大切であると学びました。

中学校3年　**小山　茅冬**

私は今回の稲盛和夫さんの講演会に参加して、強い意志を持ち全ての物にどんなことでも感謝して生活することを学びました。

今回の震災で私はたくさんの大切なものを知ることができました。確かにこのような災難は私にとって大切なものを知るきっかけとなりましたが、幸せなことも、神から与えられた試練であり、喜びだと学びました。

又、苦しい試練を乗り越える時、諦めがちですが、稲盛さんがおっしゃったように強い意志を持ち、信じ続けることも大切であると学びました。

辛いこと、楽しいこと、苦しいこと、嬉しいこと全てにわたって前向きに考えるために感謝をすることが、自分の未来と今を良いものにするのだと思いました。

後日、教室に『真善美』の言葉を掲示しました

郡山ザベリオ学園　中学校教諭　五十川　芙美

『真善美』。以前、本校に勤務していた教員が最後まで生徒たちに伝え続け、愛し続けた言葉でした。この三文字が稲盛先生の口から発せられた瞬間、嬉しさと懐かしさが胸いっぱいに広がりました。

「人生の目的は心を磨くことである」。この言葉は、長い人生を歩み始めたばかりの生徒たちの心に、強く残るものでした。講演後、子どもたちが「小さくても善いことをしたい」や「因果の法則ってすごいですね」と口々に話していたことを覚えています。

実際に世の中に目を向けたとき、善きことを行動に移しても、自分に戻ってくることが少ないと感じることがあります。もしかすると、その善きことを諦めてしまうことも多いかもしれません。

しかし、稲盛先生の実体験を耳にした子どもたちは、結果がすぐに出なかったとしても、必ず自分にとって良いものが返ってくる、運命は変えられるということを信じることができたようでした。

先生の言葉の中には、「企業は、そこに集う全社員の幸福のためにこそ存在する」というものもありました。これは、学校も同様のことと思います。

企業を学校に、全社員を全生徒に変えたとき、私たち教員としての「責任」と「喜び」、それぞれの大きさを改めて考えさせられました。

後日、私は、教室に『真善美』の言葉を掲示しました。

子どもたちが「正しく・善く・美しく」これからの道を歩んでいってほしいという願いをこめて。

そして、純粋な心を持ち続ける大人になり、良いものだったと振り返られるような人生を送ることができるように、と祈りをこめて。

稲盛先生の講演会を通じ、子どもと教員が同じ想いと時間を共有することができたことに、感謝いたします。

学園創立八〇周年に大きな恵み
稲盛和夫氏の講演に子どもたちは感銘を受けました

郡山ザベリオ学園　学園長　**守屋　博子**

郡山ザベリオ学園は福島県の中央に位置しています。

二〇一三年に創立八〇周年を迎え、幼稚園から小・中学校を有する総合学園です。八〇年前にカナダ・モントリオールから修道女たちが来日し、幼稚園から始まりました。

ザベリオ学園という名前は、学校法人創立の年が日本に最初にキリスト教を伝えた聖フランシスコ・ザビエル来日四〇〇年であったところから、校名に偉大なる聖人の名前をいただき、学園の守護の聖人といたしました。

本学園のミッションは「一人ひとりの子どもたちがかけがえのない存在として、神様に愛されていることを、教育を通して世界中の子どもたちに知らせたい」という、無原罪聖母宣教女会の創立者の思いから設立された、カトリック教育を柱としたミッションスクールです。

子どもたちは神様から贈られた宝物。神様から命をあたえられ、使命を持ってこの世に送り出された子どもたち一人ひとりが自分の使命を全うすべく、持っている能力を最大限に引き出すことを目指して教育しています。

カトリック教育の教えである「生かされている喜び」「他人を愛すること」「人のために尽くすこと」を幼稚園から中学校までの成長の段階で身につけさせたいと願い、教育をしています。

八〇周年にあたる二〇一三年七月、保護者の会である後援会の会長から稲盛和夫氏が郡山においでになって講演をされる。子どもたちには少し難しいかもしれないが、彼らが大人になったとき、偉大な経営者であり、社会に大きく貢献をされた稲盛氏の話を聞いたことは大きな励みになり、財産になるに違いない。子どもたちに是非とも稲盛氏の話を聞かせたいとの申し出をいただきました。

私は即座にこの有難いお話を受けることにいたしました。

私も稲盛氏の書籍を読み感銘を受けておりました。日ごろから子どもたちには夢を考えさせ、それに向かって希望を持たせ、毎日良いことを人のためにすればみんなに喜ばれ、また何事も真剣にすれば人生は開けると教えてきました。

この講演会のお話は「天の声」と思えるほど有難く思いました。

そして小学校五～六年生、中学一～三年生、姉妹校である会津若松ザベリオ学園の中学三年生、合計三〇〇名を参加させることにいたしました。

八〇周年記念講演として大きな恵みをいただきました。

講演が終わった後、生徒達に感想を聞きましたが、稲盛氏のお話は「自分たちが日ごろ学んでいることをさらに一生懸命努力すれば、稲盛さんのように世界に貢献できる人になれる、今はつらいことでも、努力すれば将来はよいことがあると教えてくれた」、と子どもながらの感想がすぐにどんどん返ってきました。

彼らの満ち足りた表情を見て、この機会をいただきましたことを関係各位に心から感謝とお礼を申し上げます。

郡山ザベリオ学園は授業として参加させましたので、全員に感想文を書かせました。ありのままの文章です。

さらに今回はこの感想文を本にしてくださるとのこと。労を尽くしてくださいました下村満子様、出版社の方に厚くお礼を申し上げます。

稲盛和夫塾長と福島の子どもたちの縁に感謝

郡山ザベリオ学園　後援会会長　**山口松之進**（盛和塾福島塾生）

「人の縁」とは不思議なものだと感じます。必要な時に必要な人との出会いが必ずあって助けられます。少なくとも、私の人生の中でもたくさんの出会いをいただき、助けられ、「今」という時間を過ごせています。幼少期をザベリオ学園で過ごしたことも盛和塾福島への入塾も神様から導かれたように感じます。

稲盛塾長が福島で「市民フォーラム」を開催してくださると聞いた時、私が得てきた「縁」を多くの人につなげたいと切に願いました。真先に、わが母校の子どもたちに、学校内だけでは経験できないすばらしいこの機会を与えたいと思いました。

話の内容を理解出来ようが出来まいが、稲盛塾長と同じ場所、同じ時間、同じ空間を共有したという記憶さえ残れば、それだけでも大きな財産になるのではないか、と。

テレビでこれが良いと言えば、翌日には全国で品切れする現代社会。現代社会は自分の価値観より世間の評価を気にする傾向が強く、知らず知らずに「相手の答え」を探しています。大人が迷っている現代社会で子どもたちが迷わないはずがありません。しかし、本当の答えは自分の中にしかないと思います。そして、その本当の答えは、人との出会いによってしか得られないものだと思います。

感想文を読んで、稲盛塾長の存在は福島の子どもたちの未来を照らす灯台となっていただいたと確信しました。

将来、子どもたちが何かに悩み、自分を見失いそうになったとき、ふと本屋さんで「稲盛和夫」という名前が目にとまり、「そういえば小さいときに話を聞いたなあ」と思い出し、何気なくその本に手が伸びてくれて、一人の人生が善き方向に向かう可能性が少しでもあれば、と願ってやみません。

学園の皆様の賛同と御協力を得て、聴講が実現したことに感謝するとともに、出版に御尽力いただきました下村満子筆頭代表世話人、ＫＫロングセラーズの皆様、そして、何より子どもたちの心に「利他」の種を蒔いていただいた稲盛塾長に、保護者を代表して心より感謝申し上げます。ありがとうございました。

稲盛和夫講演会 参加者

郡山ザベリオ学園小学校

〈5年〉
安達　柊
井上　拓海
岡﨑　誉弘
菊地　拓真
佐藤　李久
須賀　拓諒
武田　昂大
塚越　翔梧
中目　雅郁
横山　健
渡部　久遠
阿部　千穂
有賀　冨貴
日下部千尋
栗林　知瑛
佐藤　妃華
佐藤莉珠夢
鈴木　文芽
高木　璃央
滝口明日歌
西村　百恵
濵津　悠里
赤松　昇
大橋　魁
大向　俊勝
小澤　慎吾
草野　良太
工藤　洸輝
瀧澤　正悟
七海幸太郎
西條龍之介
山﨑　竣介
薄井　栞
亀山　涼葉
佐藤ひなた
佐藤　萌香
鈴木　禎菜
髙橋ひより
竹越　愛純
千葉　春菜
長谷川深織
ルモイン アンナ

〈6年〉
猪狩　有祐
北原麟太郎
小檜山琢仁
田中　大貴
田邊　悠仁
中條　匠真
古山　彩人
三浦英太郎
村上悠太郎
薄井　瑞葵
大河内ほのか
佐々木由翔
関口　碧
名原　蒼生
二瓶　優加
増子三寿々
柳橋　明佳
横尾　華怜
吉仲　咲希
五十嵐一樹
乙髙　彰斗
熊谷　太佑
金　経太郎
佐藤　歩
嶋田　光冴
滝田　圭佑
橋本　武龍
宮川　龍ノ助
山田　大晴
太原　遥菜
日下部早里
熊田菜奈子
熊田　梨乃
佐久間美裕
菅原　和鼓
鈴木夕里菜
古川　夏帆
柳田　紗希
山浦　愛生
渡部　姫采

郡山ザベリオ学園中学校

〈1年〉

遠藤　滉斗
亀山　駿作
川合　一宏
鈴木　海渡
関根　慧
服部　励生
平井伶央那
安部　瑠那
斧田　千明
菊地　えみ
小島　薫
佐久間優奈
佐藤　繭子
鈴尾　あゆ
津田はづき
常松　未来
中嶋　夏歩
新田　未侑
橋本理梨佳
林　千夏
三上　真桜
水野さくら
村田　奈々
浅野ジーノ
栗田　凌
佐藤　季樹
新堀　彰大
難波　文宏
野田　宇政
矢部　竜麻
渡邉　晃大
安部　乃愛
石川　瑞希
菊地　真優
國井　渚沙
近藤　愛華
齋藤　柚香
須賀　帆芳
鈴木　花佳
千葉　思音
津田　遥香
鶴巻　結衣
丹伊田真央
西村　優花
橋本　樹里
藤田日香梨
宮川　玲奈
山口美伊子

〈2年〉

泉　飛羽
大河内稜也
釜田　諒大
草野　清重
熊谷　和眞
澤村　淳
古川翔太郎
宮川凛太郎
宗像　良樹
柳橋　幸明
吉田　優斗
安藤奈緒子
衞藤　百花
岡田　茉佑
上遠野　愛
小山　美咲
塩田　彩乃
鈴木日菜子
髙橋　由里
田崎　真優
林　萌実
益子　千晴
渡部　果林
安藤　優太
大谷　聡一
大原　将人
釜田　祥大
川上　広大
黒潟　拓矢
桑野　拳輔
金　源太郎
鈴木　邑
武田遼太郎
二瓶優之介
原田　留成
阿部理李香
佐久間　愛
笹島梨里佳
佐瀬　由妃
塩田ひなた
髙橋ひかり
七海　神子
野村　涼香
古川　幸季
増子　万葉

松本　佳子
村上　旭奈
山田萌々加

〈3年〉

浅野　雄大
安保　昇馬
江川　真生
菅野　雅幸
久保田秀徳
齋藤　太河
鈴木　隆仁
先崎　智哉
千﨑　　玲
武田　　渉
中嶋　　柊
松井　勇人
今泉　桜子
大塚沙有美
奥　　紅里

小山　茅冬
苅宿　紗英
久野奈央子
工藤　理子
齋藤　千紗
真田　理美
鈴木夏菜子
関根　　萌
角田日香里
根本　桜子
馬場　翔子
古河　夏鈴
宮川　紗瑛
武藤　聡子
渡部　愛凛
石川奎一郎
石橋　弘理
神山　　竣
佐久間洋寿
鈴木　雅也

高橋　伸宏
髙橋　凌大
二瓶　孟司
野田　享正
柳沼勇唯斗
渡部健太郎
赤沼　　桃
安達　碧生
厚海　真琴
和泉　優衣
伊藤　千恵
大谷　瑞季
菅野　日南
熊田　真帆
佐藤　文音
髙木　瑠南
土屋　志穂
坪井　美樹
戸田　香穂
西野　美裕

根本向日葵
橋本　可奈
松浦古都美
八木田彩瑛
過足美乃莉

稲盛和夫と福島の子どもたち
「人は何のために生きるのか」

編　者　下 村 満 子
発行者　真船美保子
発行所　KK ロングセラーズ
　　　　東京都新宿区高田馬場 2-1-2　〒 169-0075
　　　　電話（03）3204-5161（代）　振替 00120-7-145737
　　　　http://www.kklong.co.jp

印　刷　太陽印刷工業（株）　製　本　（株）難波製本
落丁・乱丁はお取り替えいたします。※定価と発行日はカバーに表示してあります。
ISBN978-4-8454-2333-0　C0030　Printed In Japan 2014